JN026316

キャリア教育に活きる！

センパイに
聞く

# 仕事ファイル

**43**

## 動画
の仕事

料理動画クリエイター
映像監督
映像制作用カメラ企画スタッフ
クリエイティビティ・
エバンジェリスト
配信用映画の調達担当者

小峰書店

小峰書店 編集部 編著

# ㊸ 動画の仕事

## Contents

# 料理動画クリエイター

## Cooking Video Creator

だれウマさん
職歴6年目 26歳

「誰でも上手く、
そして美味く」を
モットーに、
動画をお届けします

YouTube や TikTok、Instagram などのソーシャルメディア※に動画を投稿することで収入を得る仕事があります。多くの料理動画を投稿し、200万人以上にフォローされている「だれウマ」さんに、お話を聞きました。

用語　※ ソーシャルメディア ⇒ 個人や企業がインターネット上で情報の発信や共有、拡散をすることで交流するメディアのこと。SNS もこれにふくまれる。

# Q 料理動画クリエイターとは どんな仕事ですか？

　私は、"筋トレ好きの料理研究家「だれウマ」"として、料理動画を制作しています。私は料理動画をYouTubeやTikTok、Instagramに投稿することで収入を得ています。

　料理分野の動画クリエイターは、独自のレシピ開発があってこその仕事です。レシピとは料理をつくる際の材料と分量、手順を示したもので、私のレシピは、だれでも簡単においしくつくれるように、材料と手順を極限までシンプルにしています。また、動画では、味を左右する大事なポイントをわかりやすく伝える工夫もしています。

　私の場合は、撮影も編集もひとりで行っています。動画の撮影は週に5日ほど行い、撮影時には料理がおいしそうに見えることをいちばん大切にします。照明の当て方やカメラの配置などを考えながら撮るので、1日に多くて2本の動画を撮るのが限界です。それをさらに編集するので、約10分の動画を1本制作するのに最低でも5時間ほどかかりますが、世の中にたくさんいる料理系動画のクリエイターたちに負けないようにと思うと、ほぼ毎日の投稿になります。

　動画の再生回数がのびたことで、企業や自治体から仕事の依頼がくるようになりました。ある調味料を使ったレシピを考えて、その調味料の商品サイトで毎月紹介することもあれば、自治体と組んでその地域の名産品を使ったレシピを考え、自治体の公式でSNS公開することもあります。また、出版社からも声がかかり、これまでに5冊のレシピ本を出版しています。

## だれウマさんのある1日

|  |  |
|---|---|
| 08:30 | 仕事開始。メール返信・動画編集 |
| 11:30 | ランチ |
| 12:00 | YouTube用の動画を撮影する |
| 15:00 | ジムで筋トレをし、シャワーを浴びる |
| 18:00 | 動画を編集し、YouTubeに投稿する |
| 20:00 | ショート動画・TikTok用動画を撮影する |
| 23:00 | ショート動画・TikTok用動画を編集する |
| 24:30 | 仕事終了 |

「極 豚の角煮」の動画は1か月で10万回以上再生されている。通常のレシピはほぼ1回の試作を経て本番を撮影するのに対して、極シリーズは何回も試作を行う。

今までの豚の角煮を凌駕した柔らかすぎてホロホロすぎてとろとろすぎる「極 豚の角煮」の作り方

だれウマ【料理研究家】

---

## だれウマさんのYouTubeチャンネル 登録者数の変化

　2019年1月30日、YouTubeに動画を初投稿してから4か月で登録者数1万人を記録し、安定した収入を得られるようになった。2023年11月現在で125万人が登録している。フォロワーの数と動画の再生回数が多ければ多いほど、収入が増える仕組みだ。

5冊目の著書も反響が大きく、売り上げをのばしている。
『宇宙一ずぼら 150円めし』（KADOKAWA）

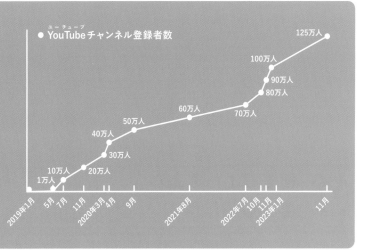

● YouTubeチャンネル登録者数

| | |
|---|---|
| 2019年1月 | 1万人 |
| 5月 | 10万人 |
| 7月 | 20万人 |
| 11月 | 30万人 |
| 2020年3月 | 40万人 |
| 4月 | |
| 9月 | 50万人 |
| 2021年8月 | 60万人 |
| 2022年7月 | 70万人 |
| 10月 | 80万人 |
| 11月 | 90万人 |
| 2023年1月 | 100万人 |
| 11月 | 125万人 |

# 仕事の魅力

## Q どんなところがやりがいなのですか?

　自分のレシピで多くの人に笑顔と幸せを届けられるところと、自分のレシピがだれかの生活の一部になっていることが実感できるところです。SNSなどでは動画を視聴した人からのコメントが見られるので、全部読んでいます。

　私のレシピで料理をしたことで、けんか中の彼氏と仲直りできたという女性視聴者や、私のレシピがきっかけで料理をするようになり、奥さんに喜ばれているという男性視聴者など、さまざまな方からコメントが届きます。これらのドラマの数々を読んでいると、自分の仕事がだれかの役に立っていることを感じられて、感激します。

## Q 仕事をする上で、大事にしていることは何ですか?

　現状維持ではなく、つねに「昨日の自分をこえること」を大事にしています。実家暮らしでは現状維持になると感じ、ひとり暮らしを始めました。実家はスーパーも近くて便利だったのですが、あえて高い家賃の家に引っ越して自分を追いこんでみました。おかげで、より真剣に仕事に取り組めています。

　将来の自分の姿を具体的に思い描くことも大切にしています。夢や目標があると、楽しみながらそこに向かっていけるからです。今は、同じ料理動画クリエイターとしてあこがれている料理研究家のリュウジさんを目標にし、その姿を追いかけています。

## Q なぜこの仕事を目指したのですか?

　大学生のときに、料理ブログを始めたことがきっかけです。幼いころから料理をすることが好きで、だれかが喜んで食べてくれることをうれしく思っていました。とくにからあげとコロッケには自信があったので、レシピを世に残しておきたくてブログを始めました。そのうちにもっと見やすくわかりやすく説明したいと思い、動画の投稿を始めました。

　就職活動を始めるころにはYouTubeのチャンネル登録者数が約20万人に増え、本の出版やテレビ出演もしていました。そのような状況で、企業に就職するか、動画クリエイターを続けるか悩みました。会社員として安定した生活がしたいという気持ちも捨てきれなかったんです。最終的に、死ぬ前に「"だれウマ"の活動をもっとやりたかった」と思いたくない、と考えてこの道を選びました。もし、今後うまくいかなくなっても、この決断をくやむことはないと思います。

動画撮影の準備をする。「これからつくるのは『鶏胸塩鍋』です。簡単なのにおいしいので、本当におすすめです」

考えたレシピを、パソコンを使って書いていく。「自分が考えたおいしい料理を、たくさんの人に知ってもらいたいんです」

撮影開始。説明をしながら野菜を切っていく。だれウマさんの場合は、前もって台本はつくらない。

用語　※レシピ本大賞 ⇒ 正式名称は「料理レシピ本大賞 in Japan」。レシピ本の魅力や価値を広めるためにつくられた賞で、年に1回、大賞をはじめ各賞が選ばれる。

2～3時間かけて撮影した動画を、10分前後になるように編集する。「編集で見やすさが変わるので、大切な作業です」

## Q この仕事をするには、どんな力が必要ですか？

忍耐力と継続力、そして自分を信じる力が必要です。動画を投稿しても、最初から多くの人に見てもらえるわけではありません。私の場合、8時間かけてつくった動画の視聴回数が0ということもありました。それでも続けられたのは、絶対に成功するという強い気持ちでいたからです。

「"だれウマ"が成功しているから自分もできるはず」、と動画の投稿を始めた知人がいますが、1か月程度でやめてしまいました。だれにも見られず収入がなくても、自分を信じて投稿し続けられる人、ただ投稿するだけでなく、どうしたら少しでも見てもらえるようになるのかを考えて改善し続けられる人でないと、続かない仕事だと思います。

## Q 今までにどんな仕事をしましたか？

学生時代に水泳教室のスタッフ、コンビニエンスストアのスタッフ、塾講師などのアルバイトを経験しました。「だれウマ」の活動を始めてからは、動画クリエイターに専念しています。

クリエイターとしての大きな実績は、テレビ番組に出演したこと、YouTubeのチャンネル登録者数が100万人をこえたこと、出版した本がレシピ本大賞※で入賞したことです。とくにレシピ本大賞は、まず動画が評価されないと出版の声がかからず、出版しても売れなければノミネート※されることもないせまき門なので、入賞できてうれしかったです。

## Q 仕事をする上で、難しいと感じる部分はどこですか？

仕事のすべてをひとりで行うため、休む時間がないことです。しかし、しっかり休まないとよいものがつくれないと思うようになったので、土日はできるだけ休むことにしました。

この仕事は、動画の再生回数や「いいね」の数など、視聴者の評価が数字で見えます。そのため数字に一喜一憂してしまいがちなのも難しい点です。再生回数がのびなやんだ動画があっても落ちこまずに、原因を分析して次に活かすことが大切です。また、思ったように収入が得られないと、「この仕事を続けていていいのかな……」と不安になり、あせりが生まれてよい仕事ができません。そこで貯金や資産運用をして、お金がなくなる不安を減らすようにしています。

用語 ※ノミネート ⇒賞などの候補として推薦すること。

● 包丁とまな板 ●

● フライパン ●

● ノートパソコン ●

だれウマ

● 照明とカメラ ●

### PICKUP ITEM

愛用している包丁とまな板、フライパンは手入れをして大切にしている。撮影時、照明とカメラは三脚で安定させて使う。料理の動画は見た目がとても重要なので、照明はいくつも試してちょうどよい光の強さのものを探した。ノートパソコンは、レシピ作成と動画編集、投稿、反応分析のすべてに必要。

# 毎日の生活と将来

## Q 休みの日には何をしていますか？

「ジムへ行って、筋肉をきたえて帰るところです。この日も、3時間みっちりトレーニングした成果がありました」

　近所のお店で買い物をしたり、飲み屋さんに寄ったりすることが多いですね。今気に入っているのは、さっと飲んでさっと帰れる立ち飲み屋さんです。創作料理や小鉢料理が充実しているので、レシピを考える参考にしています。

　この仕事はいつ休んでもよいのですが、自分のなかでは土日を休みと決めています。ただし、月曜日によいスタートを切りたいので、土日にも翌週に向けたレシピ開発は必ず行います。筋トレは、平日も休日も変わらず行います。

「近所のレストランです。プロの料理人がつくる料理から、レシピ開発によい刺激をもらっています」

## Q ふだんの生活で気をつけていることはありますか？

　散らかっているよりもかたづいている方が心に余裕が生まれるので、意識的に部屋をきれいにしています。

　また、動画をほぼ毎日投稿するようにしています。ソーシャルメディアでは、新しい動画を投稿しないと視聴者がはなれていってしまいます。また、ライバルの動向や評価も目に入ります。自分が止まっている間に彼らがどんどん動画を投稿すれば、そちらに視聴者が流れてしまうかもしれません。そのようなあせりを生まないためにも、月曜日は必ず仕事をすると決めています。いちどリズムをくずすと、どんどんくずれてしまうと思うので、自分のルールにしています。

| | 月 | 火 | 水 | 木 | 金 | 土 | 日 |
|---|---|---|---|---|---|---|---|
| 05:00 | 睡眠 | 睡眠 | 睡眠 | 睡眠 | 睡眠 | | |
| 07:00 | | ジムで運動 | レシピ開発 | ジムで運動 | レシピ開発 | | |
| 09:00 | 編集・メール返信 | 編集・メール返信 | 編集・メール返信 | 編集・メール返信 | 編集・メール返信 | ジムで筋トレ | ジムで筋トレ |
| 11:00 | | | | | | レシピ開発 | |
| 13:00 | YouTube動画撮影 | YouTube動画撮影 | YouTube動画撮影 | YouTube動画撮影 | YouTube動画撮影 | | |
| 15:00 | | | | | | | |
| 17:00 | ジムで筋トレ | ジムで筋トレ | ジムで筋トレ | ジムで筋トレ | ジムで筋トレ | | |
| 19:00 | 編集・投稿 | 編集・投稿 | 編集・投稿 | 編集・投稿 | 編集・投稿 | 休み | 休み |
| 21:00 | ショート動画・TikTok撮影 | ショート動画・TikTok撮影 | ショート動画・TikTok撮影 | ショート動画・TikTok撮影 | ショート動画・TikTok撮影 | | |
| 23:00 | 編集 | 編集 | 編集 | 編集 | 編集 | | |
| 01:00 | | | | | | | |
| 03:00 | 睡眠 | 睡眠 | 睡眠 | 睡眠 | 睡眠 | | |
| 05:00 | | | | | | | |

## だれウマさんのある1週間

ジムで運動したり、筋トレをする時間のほかは、ほとんどを動画の撮影と編集作業にあてている。

## Q 将来のために、今努力していることはありますか?

話術が未熟だと感じているので、勉強中です。また、視聴者の興味を引いて動画を再生してもらうためには、サムネイル※やタイトルで使う言葉が非常に重要なんです。これらがいつも似たものになってしまうことが気になっています。目標にしている料理研究家のリュウジさんは、話術や言いまわしがとても上手なので、参考にしています。

ほかに、お金についての勉強をしています。動画クリエイターは収入が人気に左右され、安定した職業ではないので、いつ収入がなくなってもいいように投資を始めました。将来結婚するかはわかりませんが、家族ができてもある程度生活していけるくらいの資産はたくわえたいと考えています。

キッチンでプロテイン飲料を飲むだれウマさん。「筋肉をつくるプロテイン商品の広告の仕事も、かなり増えています」

「いつもお世話になっているロボット掃除機です。拭き掃除もしてくれるすぐれものです。掃除していた時間を、編集作業にあてられるようになりました」

## Q これからどんな仕事をし、どのように暮らしたいですか?

将来は仕事に追われず、好きなときに旅行に行ったり遊んだりする生活がしたいです。お金のために働くのではなく、好きなときに仕事をするという生活が理想です。

私の動画に対して視聴者がコメントをくれることは、だれかの役に立てたんだな、と感じられてとてもうれしく、コメントを読むことが生活の一部になっています。また、コメントに限らず、自分の投げかけたものにリアクションがあると、存在をみとめられたような満足感を得られます。私はこの仕事自体も好きですし、人に喜ばれることをしていきたいので、お金が十分にあったとしても、この仕事を完全にやめることはないと思います。

---

## 動画クリエイターになるには……

オリジナルの動画をつくって動画投稿サイトに投稿すれば、だれでもなることができます。しかし、継続して収入を得るために、自分の個性を活かしながら得意分野をのばすとよいでしょう。関心がある分野の大学に進学して知識や技術を深めるのもおすすめです。あるいは映像系の学部のある大学や専門学校に進んで専門知識や技術を学ぶなど、経験を積み重ねておくとよいです。

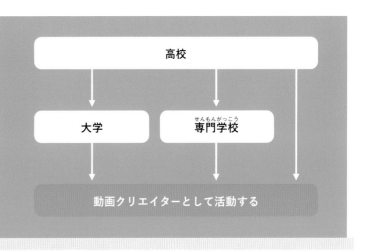

```
          ┌──────────────────┐
          │       高校        │
          └──────────────────┘
            │              │
    ┌──────────┐    ┌──────────────┐
    │   大学    │    │   専門学校    │
    └──────────┘    └──────────────┘
            │              │
    ┌────────────────────────────────┐
    │  動画クリエイターとして活動する   │
    └────────────────────────────────┘
```

---

※ この本では、大学に短期大学もふくめています。

用語　※ サムネイル⇒内容の一部を、縮小して見本用に表示した画像のこと。動画投稿サイトではタイトルとともに表示される。

# 子どものころ

## Q 小学生・中学生のとき、どんな子どもでしたか？

　兄がすることは何でもまねして、習字、野球、ピアノなど、いくつも習い事をしました。とくに熱心だったのが水泳です。ほぼ毎日2時間以上練習をし、小・中学校の間は毎年のように平泳ぎ専門の選手として全国大会に出場しました。練習は大変でしたが、友だちとも遊び、毎日が充実していました。料理上手な祖母の影響で、このころから料理もしていました。

　水泳中心の生活だったため、勉強は自宅で通信教育の教材を活用しました。学校の成績はそれなりによかったです。学校から帰ったらまず教材で勉強、終わらせたら水泳の練習、このふたつが習慣になっていました。毎日の練習も勉強も、今の動画投稿の仕事も、私は習慣化することが得意なのだと思います。それでも当時、英語だけは苦手でしたね。

　受験勉強で半年ほど水泳の練習をしない期間があったせいか、高校では記録がのびなくなり、大きな挫折感を覚えました。卒業まで水泳部での活動は続けたものの、以前ほど熱心ではなかったです。でも、このときに、今でも連絡を取り合うほどのよい先生と出会えましたし、結果が出なくても最後まで続けたことはよい経験になりました。

　水泳をやめてからは、運動をしなくなったことでだらしない体になるのがいやで、筋トレを始めました。これは今も続けています。

中学時代にはいていたスイミングスクールのジャージ（ボトム）。縦ラインがシルバー（左）の選手は全国大会の決勝に残るレベル、ゴールド（右）は全国大会3位以上のレベルを表す。

日々、厳しいトレーニングに明けくれていたころ。

## だれウマさんの夢ルート

### 小学校 ▶ オリンピックの水泳選手
水泳選手としてオリンピックに出るのが夢だった。

▼

### 中学校 ▶ オリンピックの水泳選手
変わらず、オリンピック出場を夢見ていた。

▼

### 高校 ▶ 教師
水泳の記録がのびなくなり、選手の道をあきらめた。学校の先生になろうかなと思っていた。

▼

### 大学 ▶ 会社員、後に料理研究家
1年生のときは食品メーカーに就職しようと考えていた。2年生からは、料理に関する会社を起こすことを目標にした。

小・中学生時代を通じて、水泳では全国でもトップクラスだった。

## Q 子どものころにやっておけばよかったことはありますか？

　やりたいことに全力で取り組み、水泳での全国大会出場など簡単にはできない経験をしたので、やっておけばよかった、と思うことはあまりありません。

　ただ、英語の勉強は続ければよかったです。中学までは苦手でしたが、コツをつかんだのか、高校で急に得意になったんです。でも大学であまり英語にふれなくなったら、また苦手になってしまいました。英語ができれば仕事のはばも広がるので、これも習慣化して続けておけばよかったです。

## Q 中学のときの職場体験は、どこへ行きましたか?

中学2年生のときに、数日間、スイミングスクールのスタッフの体験をしました。数十箇所の行き先から選ぶのですが、そのなかに自分が通っていた教室があったので、そこに決めました。インストラクターをしてみたくて希望しましたが、体験したのは受付業務や掃除、チラシ作成などでした。

1日だけ、児童館にも行きました。ここでは子どもたちの遊び相手をしたのですが、子どもも好きでしたし、いっしょに行ったのも仲のよい友だちだったので、楽しかったですね。

## Q 職場体験ではどんな印象をもちましたか?

ずっと水泳をしていたので、いつか水泳に関わる仕事がしたいと思ってスイミングスクールへ体験に行きました。スクールに併設されたジムに高齢者の方々が通っていて、みなさんと話をしたのを覚えています。お話は楽しかったですが、仕事は想像以上に事務的な裏方の業務が多かったです。イメージしていたようなインストラクター業務は、スクールの仕事のほんの一部分なのだと知りました。

好きなことにたずさわれるから、それにまつわる仕事も楽しい、というわけではないと感じた貴重な経験でした。

## Q この仕事を目指すなら、今、何をすればいいですか?

今は、スマートフォンでもタブレットでも動画を撮影して編集することができます。動画クリエイターに興味があるなら、いちど動画をつくって、YouTubeでもSNSでもいいので投稿してみることが大切です。そこで失敗したり、友だちにからかわれたりしても、挑戦しないことには始まらないので、まわりの目を気にする必要はありません。

大人になると「あのときあれをやっておけばよかった」と思うことがあります。大人が思う「あのとき」は、まさにみなさんの年齢のころのことです。将来後悔しないように、興味があることにはとにかく挑戦してみてください。

料理系動画のトップクリエイターになりたいので、つねに技術力向上を目指します

# － 今できること －

ふだんの暮らし

スマートフォンやタブレット端末を使って動画を撮影してみましょう。可能であれば、撮影した動画を編集してみましょう。完成した動画を友だちや家の人に見てもらうこともおすすめです。多くの人に楽しんでもらえる動画をつくるには、人の意見を聞いて、もっと魅力的な動画にするための方法を考え、工夫することが大切です。

また、動画づくりを続けるには、探究心が欠かせません。自分が夢中になれるテーマを見つけましょう。

国語 伝えたいことを簡潔にまとめる力が不可欠です。説明文の要約や、起承転結を意識した作文に取り組んで、要点を整理する練習をしましょう。

美術 動画のサムネイル画像制作では、画像と文字の配置を工夫して目立たせるのがポイントです。ポスター制作では、見る人の興味を引く絵と文字の配置を考えましょう。

技術 情報に関する技術の単元で、著作権や発信した情報に対する責任を知り、情報モラルについて考えましょう。見る人が安心して楽しめる動画づくりに欠かせません。

英語 英語を取り入れた動画は、海外の人に見てもらえる可能性が高くなります。英語力の基礎を養いましょう。

# 映像監督
## Video Director

新保拓人さん
職歴12年目 35歳

アーティストの楽曲を
もっと楽しむための
映像作品を
制作しています

多くのアーティストが、楽曲の魅力を映像でも伝えるためにミュージックビデオ（MV）を制作します。映像監督として、おもにこれらのビデオ作品の制作にたずさわる新保拓人さんにお話を聞きました。

用語 ※演出 ⇒ 演劇やライブ、映像制作において、作品の魅力を効果的に見せるために出演者の演技や照明などの表現をまとめ、調和させること。

# Q 映像監督とはどんな仕事ですか？

私は映像監督として、ミュージックビデオ（MV）の企画から編集まで制作全体にたずさわります。MVはアーティストの楽曲に合わせてつくる映像のことで、曲のイメージの可視化によって新しい楽しみを提供します。

制作は楽曲を理解することから始めます。私はその曲が伝えたいメッセージを見極め、曲のなかで描かれているのはどんな人か、何が登場するかを想像します。そのなかから、伝えたいことを表現するのにもっともふさわしいと思われる、映像の核となるアイデアを探すのです。例えば「気球を飛ばす少女」「無秩序な世界に現れる猿」など、何でもありです。

曲を聴きながら、さらにこれらのアイデアをふくらませます。どんな場所で撮影するのか、CGまたはアニメを使うかなど、描かれるシーンと撮影の仕方をイメージし、演出※を考えます。

次に、演出内容をアーティストや映像制作会社、スタッフに理解と共感をしてもらうための企画書を作成します。企画書をもとにプロデューサーやカメラマン、美術監督たちと意見を交換します。撮影現場では私が事前に描いた絵コンテ※に沿ってカメラマンに撮ってもらいますが、出演者の動きをスタッフと相談しながら決め、指示を出すのは私です。

編集も私がパソコンを使って行います。曲の展開に合うようシーンの長さを調整したり、前後を入れ替えたり、映像に特殊効果を加えたりします。MVが曲を聴いた人の理解の助けや、新しい楽しみ方につながると判断したら、それがゴールです。完成した作品は、YouTubeなどで公開されます。

## 新保さんのある1日

（撮影日以外の場合）

|  |  |
|---|---|
| 10:00 | 仕事開始。自宅や喫茶店で、企画AのMVの核となるアイデアを考える |
| 13:00 | プロデューサーと打ち合わせ |
| 15:00 | 企画Bの映像を編集する |
| 18:00 | 映画を観て企画Aのアイデアを探す |
| 20:00 | 企画Cの絵コンテを描く |
| 23:00 | 仕事終了 |

（撮影日）

|  |  |
|---|---|
| 07:00 | 現場到着。セッティング開始 |
| 09:00 | 企画Dの撮影開始。（現場スタッフと撮影の仕方・照明・美術などをチェックする。これをシーンごとにくりかえす） |
| 22:00 | 撮影終了 |

新保監督制作のOfficial髭男dism『Chessboard』のMV。2023年NHK全国学校音楽コンクール中学生の部の課題曲として制作された楽曲。MVには3世代の男女が登場する。

## ミュージックビデオ（MV）制作の流れ

### ❶ 受注する
映像監督が、映像制作会社のプロデューサーやアーティストの所属会社などからMV制作の注文を受ける。おおよその予算や納品の期日も提示される。

### ❷ 企画書をつくる
映像監督は、依頼主に希望がある場合は聞いた上で、MVの内容を考え、企画書をつくる。文章・イラスト・画像などで映像のテーマと全体の筋道をまとめた企画書をもとに、企画内容を説明する。

### ❸ チームで内容をつめる
アーティストの所属会社から企画書へのOKをもらったら、撮影の詳細について制作会社、カメラマン、照明技師、美術監督などの制作スタッフで検討する。映像監督は同時に絵コンテを描く。

### ❹ 撮影
絵コンテを表にしたものを見ながら、それぞれの場面を撮影する。屋内のスタジオにセットを組むこともあれば、屋外での撮影の場合もある。映像監督は、撮影した場面ごとにOKかどうかの判断をする。

### ❺ 編集をして完成
1～2日かけて撮影した映像を、映像監督自らが編集する。楽曲の進行にぴったり合うように切ったりつなげたり加工したりする。映像データが完成したらチェックし、MVを発注した会社へ納品する。

用語　※ 絵コンテ ⇒ 映像の内容をイラストで示したもの。撮影の仕方（カメラの動かし方）や、それぞれの場面の秒数なども書きこまれる。

# 仕事の魅力

## Q どんなところが やりがいなのですか？

自分の空想が映像としてかたちになったときに、やりがいを感じます。例えばあるMVの企画で、歌っているアーティストのまわりの風景が360度途切れずにぐるぐるとまわっている映像を空想したんです。これを撮る方法はないかと考え、固定したカメラがアーティストを中心に回転する装置をスタッフとつくりました。すると、だれも見たことがない画期的な映像が撮れました。このような喜びがどの撮影でも1回はあります。空想を実現できたときには心がおどりますね。

作品を見た人が感動してくれたり、何かを感じとってくれたりしたことを知ったときにも、やりがいを感じます。

楽曲を聴いて、映像のアイデアを練る。「最初はふわっと聴いてイメージをふくらませ、企画時にしっかりと聴きこみます」

## Q 仕事をする上で、大事にしていることは何ですか？

MVは、美術監督や技術監督、カメラマン、照明技師などたくさんのスタッフが関わってチームでつくります。チームリーダーとして、チームの雰囲気をよくすることを大事にしています。楽しく仕事をしないと、よい作品ができません。そのため、各監督の下で助監督や助手として働く人たちに対しても、名前を覚えて気楽な会話をすることを心がけています。この仕事に欠かせない一員であることをわかって、やる気になってもらいたいからです。よい雰囲気が気持ちの余裕につながり、よいアイデアにもつながります。

## Q なぜこの仕事を 目指したのですか？

高校生のときにバンドを組んで音楽に夢中になり、大学生になってからも作曲などをしていました。けれども音楽で食べていくのは難しいと思い、どうしようかと考えました。小さなころから音楽と映画が好きだったので、何かをつくる仕事をしたいという思いは、ずっとあったんです。

就職活動をした後に1年間休学し、そのときに映像をやってみたくてカメラを買いました。そのカメラで、海外へ行く友人のお別れ会のためのビデオを制作しました。このとき、自分は映像をつくる仕事で「いける」と確信したんです。卒業後、映像制作で有名なSEPという会社に就職しました。

『Chessboard』のMVのイメージを描く。「中学生のころマンガや街の絵を描くことに凝っていたのが、今、役に立っています」

Official 髭男 dism「Chessboard」Music Video

| Time | No | Image | Conte | SET CAMERA | 撮影監督 | 小道具 | 小道具人物操作 | 衣裳 | 特殊効果 | 美術 | 日 | CAST あり年 | CAST あり年 |
|---|---|---|---|---|---|---|---|---|---|---|---|---|---|
| 7:00 | #2 | | 若者2人がT○を見をしている 女性が雑誌を読みながら 気付けば牛乳をこぼしちゃう | ダイニング／リビング／山手線移動 IPS | | | | | | | | ○ | |
| 7:30 | #6 | | 女性が突然の怒る切れている 切りすぎて、思わかのこみ 笑い合う二人 | ダイニング／リビング／山手線移動 IPS | | | | | | | | | |
| 7:45 / 8:00 | #10 | | 海に飛び込む、どんどんに付いていく 女の気持ちが、でたら二、二り進め 部屋で彼を | ダイニング／リビング／山手線移動 IPS | | | | | | | | | |
| 8:15 / 8:30 | #12 #14 | | フィくの雲ばいの体になる それぞれの部屋 【数カット】 | ダイニング FIX | | | | | | | | | |
| 8:45 / 9:15 | #15 | | 部屋からの眺がり ミニチュアの手にな一ている 部屋の中で椅子く遊ぶ二人 | ダイニング／ラフソーラ | | | | | | | | | |
| 9:30 / 9:45 | #xx | | フィルムカメラのコマが 挿んだみたいなエフェクト 【数カット】 | ダイニング TRS | | | | | | | | | |
| 10:15 / 10:30 | #3 | | セッティングチェンジ 【30min】 カラオケをするおじさん。 失敗するたびにカオが赤ーを 言ろおばあさん | リビング／リビング／山手線移動 IPS | | | | | | | | | |
| 10:45 / 11:15 | #8 | | 暗い部屋にはばあるンボで どれを 不思議な映像が流れる 一あたいふあ楽のかが出るとなのを 二人とシのに体 ・くらしわ具を見る | ダイニング／リビング／山手線移動 IPS | | | | | | | | | |

絵コンテを並べて、場面ごとの撮影時間と内容を記した表。撮影現場では、これをもとに撮影していく。

スタジオで撮影セットのチェックをする。この日の作業は朝9時から夜の11時まで、14時間におよんだ。

## Q 今までに どんな仕事をしましたか？

SEPでは、プロデューサーの下で演出の準備や撮影の場所探しなど、MV制作に必要なさまざまな仕事をしました。入社5年目から映像監督となり、2020年からは独立して、フリーランスとして働いています。私は映像監督として、これまでに約300本のMVを制作してきました。

2020年にMTVジャパンという団体が主催するMVの祭典で、担当したOfficial髭男dism『I LOVE...』のMVが「最優秀邦楽グループビデオ賞」を受賞しました。翌年はスペースシャワーTVが主催するMVの賞で「最優秀監督賞」を受賞しました。これらの受賞は本当にうれしかったです。

映像を編集しているところ。撮影した映像が場面ごとに楽曲とぴったり合うように、編集していく。

## Q 仕事をする上で、難しいと 感じる部分はどこですか？

曲を聴いても演出のアイデアが浮かばないときはつらいです。そんなときは、まわりの人に意見を聞いたり、遊びに出かけて息抜きをしたりして、自分の頭と体をゆるめます。

企画や編集の段階で依頼側と意見が合わないときも、難しいと感じます。例えば『silent』というテレビドラマの主題歌になったOfficial髭男dismの『Subtitle』という曲は、ドラマが恋愛ものだったので、MVでは男女の愛に限らない別の解釈を示したいと考えました。「よりリアリティのある恋愛ストーリーを」と希望する相手側に対して、私は父と娘の親子愛のテーマで企画を提案したんです。絵コンテをつなげた動画をつくって見せ、「どうしてもこれでやらせてほしい」と説得しました。このように撮影前に合意できるときはよいのですが、撮り直しになることもごくまれにあります。

## Q この仕事をするには、 どんな力が必要ですか？

MV制作では1本に約2か月をかけ、月に4本を平行して制作しています。納品の期日に作業が間に合うか、不安になることもあります。演出のアイデアが浮かばないときは逃げだしたくなりますが、自分に「大丈夫、大丈夫」と言い聞かせ、あせる気持ちを落ち着かせています。自分をコントロールしながら、あきらめずに、完成に向けて粘る力が必要です。

新しいアイデアを生むには、感性をみがくことが欠かせません。感性をみがくには、さまざまな視点をもつことが大事です。私の場合は人と話すことで多くの新しい視点を得ています。例えば、だれかの好きなことについて数人で話をしているだけでも、人によってはそんなふうに考えるのか、とおどろかされることがあります。みんなで話しながらだらだらと映画を観るときにも、人の感じ方について発見があります。おどろきを発見として受け止め、自分にとっての新しい視点にする力が、映像監督には必要だと思います。

・タブレット端末・

・ノート・

・名刺を入れる袋・

## PICKUP ITEM

絵コンテを描くときにはタブレット端末を使う。モニターに白い専用ペンを当てて描くと、紙に描いているように自由に描画できる。ノートにはふと頭に浮かんだ演出のアイデアを忘れないように書きとめておく。名刺が増えるので名刺入れでは間に合わず、ファスナーつきの袋を使っている。

# 毎日の生活と将来

## Q 休みの日には何をしていますか？

友だちと遊ぶことが多いです。音楽とお酒を楽しめる店に行ったり、温泉に行ったり、喫茶店に行ったりします。

映画もよく観ます。私はサスペンスやスリラー系のドキドキする映画が好きで、監督で選んだり、DVDのパッケージを見て選んだりもしますし、好きな監督の新作が出れば必ず観ます。

観て、とてもおもしろかったのは、アメリカのテレビ番組『トワイライト・ゾーン』の特別編としてつくられた映画です。日本の『世にも奇妙な物語』に似たコンセプトの作品で、気に入ったのでマンガも全巻そろえました。

映画『トワイライト・ゾーン』。タイトルは「不可思議な超常現象が起こる場所」というような意味。何度も映画のリメイク作品がつくられ、小説やマンガも出版されている。

「北海道旅行に行きました。広々とした空と大地に囲まれて、とびきりのリフレッシュができました」

## Q ふだんの生活で気をつけていることはありますか？

フリーランスとして仕事をしているので、スケジュールの管理を自分でしなくてはなりません。仕事を引き受ければ引き受けるほど、いそがしくてなかなか休みをとれなくなります。数週間続けて仕事をすることもあるのですが、そんなときにはあとで必ず1週間まとめて休むようにしています。休みも睡眠時間も、とらないと体をこわしてしまいかねないからです。

休日にはのんびりして、頭をからっぽにします。そのようにリフレッシュし、映像制作に必要な新しいアイデアが浮かぶ余地をつくるようにしています。

### 新保さんのある1週間

何本ものMV制作を平行して行うので、それぞれの制作段階に合わせて企画書・資料作成、ロケハン、撮影、編集などの作業が入る。この週は、日曜日に休みをとることができた。

| | 月 | 火 | 水 | 木 | 金 | 土 | 日 |
|---|---|---|---|---|---|---|---|
| 05:00 | | | | 睡眠 | | | |
| 07:00 | 睡眠 | 睡眠 | 睡眠 | | 睡眠 | 睡眠 | |
| 09:00 | 朝食 | 朝食 | 朝食 | | 朝食 | | |
| 11:00 | 企画書や資料作成 | ロケハンのため地方へ出張 | 企画プレゼン | | 打ち合わせ | 朝食 ロケハン | |
| 13:00 | 昼食 | 昼食 | 昼食 | | 昼食 | 昼食 | |
| 15:00 | 打ち合わせなど | ロケハン | ロケハン | 撮影 | 映像編集 | ロケハン | |
| 17:00 | 映像編集 | | | | | | 休日 |
| 19:00 | 企画やアイデアを考える | 打ち合わせしながら夕食 移動など | 打ち合わせ 企画やアイデアを考える | | 企画やアイデアを考える | 打ち合わせ | |
| 21:00 | | 絵コンテを作成 | | | | 映像編集 | |
| 23:00 | 夕食 | ランニング 銭湯に行くなど 読書 | 撮影資料を見直してイメージトレーニング | 帰宅 お風呂に入るなど自由時間 | 友だちとご飯 | 友だちとご飯・銭湯に行くなど | |
| 01:00 | 映画を観る・銭湯に行くなど | | | | 映画やYouTubeを観るなど | 映画やYouTubeを観るなど | |
| 03:00 | | | 睡眠 | 睡眠 | | | |
| 05:00 | 睡眠 | 睡眠 | | | 睡眠 | 睡眠 | |

用語 ※ ロケハン ⇒ 映画やテレビ番組の撮影の際に屋外の撮影場所を探し、下見などを行うこと。

## Q 将来のために、今努力していることはありますか?

お金をためています。食べるものにはあまり惜しまずにお金を使いますが、そのほかのことに関してはむだづかいしないようにしています。

ためたお金で、湖のほとりに住居を構えたいと考えています。昔から湖が好きで、先日も、長野県の諏訪湖のほとりに売り出されている家を見に行きました。きれいな水の近くにいると、映像制作のためのインスピレーション※をより得られそうだと感じるんです。友人のなかにアーティストもたくさんいるので、集まって創作活動ができるように、レコーディングスタジオをかねた家にしたいなと思っています。

スタジオで、監督として何十人ものスタッフをたばねる新保さん。

「車のなかで過ごす時間も、音楽を聴ける時間として有効に使います」

## Q これからどんな仕事をし、どのように暮らしたいですか?

私は映像監督として、MV制作のほかにCM制作や音楽アーティストのライブの演出も手がけています。ライブの演出の仕事がとくに楽しいです。ライブはお客さんの生の反応がその場で見られるので、わくわくしますね。

もともとは映画監督になりたくてこの仕事を始めました。MVはできあがっている楽曲に映像をつける仕事ですが、映画はストーリーあり、音楽あり、セリフありの総合芸術です。いずれは映画をつくってお客さんに観てもらいたいです。湖の近くと東京のふたつの拠点で生活をしながら映画の仕事で海外の映画祭に招待されるのが、最高の将来像です。

そろそろ、家族もほしいです。子どもが好きなので、子どもといっしょに生活する将来があればよいなと思っています。

### 映像監督になるには……

映像監督には、映像制作のプロとしての技術とセンスが求められます。映像技術を教える大学や専門学校があるので、進学するのも一案です。

就職先は、映像制作会社や広告会社、テレビ局などが考えられますが、映像監督のもとに弟子入りし、最初からフリーランスとして働く人も増えています。

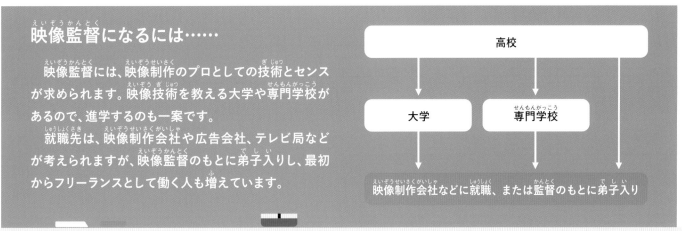

高校

大学

専門学校

映像制作会社などに就職、または監督のもとに弟子入り

用語 ※ インスピレーション ⇒ 創作したり、思考したりする過程で、瞬間的に浮かぶ考えのこと。創造につながるひらめき。

# 子どものころ

## Q 小学生・中学生のとき、どんな子どもでしたか？

中学生のときは、マラソン大会以外の学校行事が好きでしたね。みんなでいっしょに何かをするのが楽しかったんだと思います。球技大会で、腕におそろいのペインティングをすることを流行らせた思い出があります。絵を描くのが好きだったこともあり、教科では美術が好きでした。

小学6年生のときに再放送されていたアニメ『スラムダンク』に影響を受け、中学ではバスケットボール部に入りました。けれど練習がきつすぎて1年生の途中から行かなくなったんです。部活に入っていない人が浮きがちな雰囲気だったこともあり、学校をずる休みするようになりました。

これではいけないと思い、2年生からは学校へ行くようになりましたが、部活をやっているみんながきらきらして見えたし、「しんどいことから逃げだした自分」がいやでした。夢中になれるものがほしくて、とりあえず勉強をしたんです。

塾と参考書を頼りに、行きたい高校の受験へ向けてかなり勉強しました。その結果、高校受験が私にとって、がんばってやりきった体験になりました。今でもときどき、あのときの自分のがんばりを思い出します。

### 新保さんの夢ルート

**小学校・中学校 ▶ 建築家**

ビルや街の風景が好きで、空想上の街の絵を描いたり、レゴブロックで遊んだりした。絵を描きながら建築家にあこがれた。

▼

**高校 ▶ 教師、ミュージシャン**

文系に進んだため建築家を目指すことができず、母と同じ教師になろうと思った。バンド活動がおもしろく、ミュージシャンもよいと思った。

▼

**大学 ▶ 映像作家**

友人のお別れ会用のビデオ制作をきっかけに、映像制作の仕事に就こうと考えた。

「小学校入学前に兄たちと撮った写真です。中央の私が持っているのは、兄がサッカー大会でもらったトロフィーです」

「中学校の卒業式のときです。髪型は、受験のために気合いを入れようと坊主にしたなごりです」

## Q 子どものころにやっておけばよかったことはありますか？

英語だけでも、外国語の勉強を本気でやっておけばよかったです。アメリカの映画などを観るときに、日本語の字幕ではなく英語そのままを聞いて作品を楽しめたら、世界がもっと広がっただろうなと思うからです。セリフにこめられたニュアンスを直接受け取ることができたら最高です。

反対に、子どものころにレゴブロック遊びに熱中したのはよかったです。ストーリーをつくり、空想して遊びました。小学校高学年ともなると、友だちはだんだんとレゴを卒業してしまいましたが、私はひとりになっても遊んでいました。人形の顔を改造したこともありましたね。この遊びでも、空想する力を得られたような気がします。

## Q 中学のときの職場体験は、どこに行きましたか？

3年生のときに、スポーツ用品店へ職場体験に行きました。小さな店で、おもに学校へ商品を卸している店でした。そこへ私ひとりで体験に行き、店主のおじさんと一対一でたくさん話をしたのを覚えています。店の2階にあるご自宅でおいしいご飯をごちそうになり、まるで親戚の家へ遊びに行ったような感覚でした。車で納品に行くときにとなりの席に座らせてもらい、道すがら、ずっと話をしました。

## Q 職場体験ではどんな印象をもちましたか？

そのおじさんと何を話したかは覚えていません。ただ、話しやすくていくらでも会話が続きました。その店で何か仕事をしたという感覚はありませんでしたが、知らない大人と話ができ、自分の世界が少し広がったと思います。
納品に同行したことで、その店には学校などお得意先とよばれる取引先があり、客として店に出入りするだけでは見えない取引関係があることを学びました。あまりお客さんが来ていないお店の経営はどうやって成り立っているのだろうと思っていましたが、内側に入らないとわからないことがある、ということを知ることができました。

## Q この仕事を目指すなら、今、何をすればいいですか？

よく遊び、いろいろな場所へ行き、さままざまなものを見て、人と話をしてください。創造的なアイデアは、他人の感じ方や考え方に対する発見やおどろきから生まれると思っているので、さまざまな感じ方や考え方にふれるとよいです。
何かを創造するということは、ゴールのない学問の世界に通じています。理科も数学も社会も、世界の成り立ちをひもとけるというロマンに満ちているんですよ。今、学校で勉強していることは、わくわくする世界への入り口になるということに気づけるとよいですね。ロマンを感じられる心が、クリエイターとしての仕事につながると思っています。

将来はおもしろい映画をつくって、お客さんを2時間、座席にくぎづけにしたいです

---

# － 今できること －

**ふだんの暮らし**

映像監督の仕事をするには、自由に空想する力が大きな武器になります。妄想のレベルでもよいので、「もっとこうだったら」「ああだったら」とたくさん空想をしてみましょう。「ばかばかしいこと」ととらえず、空想の時間を前向きに楽しむことが、将来、作品のアイデアにつながります。また、学校で配布されているタブレット端末を使って、動画撮影のコツと注意点を学びましょう。企業や団体が主催する動画コンテストに作品を応募するのもよいでしょう。

**国語** アイデアをもとに構成をふくらませ、一連の内容を企画書に書く仕事があります。話や文章の構成・展開について理解し、作文を書く力を養いましょう。

**美術** 多数の絵コンテを描く仕事です。頭のなかのイメージを絵で表せるように作画に取り組みましょう。また、ひとつの物をいろいろな角度から描く練習をしましょう。

**保健** 月に数回の撮影と納品をこなすこともあります。不規則な働き方になりがちなので、体力をつけつつ、効果的な休息の仕方を学びましょう。

**英語** ヒアリングに力を入れましょう。洋画のセリフをそのまま聞き取れると、映像作品の鑑賞力が高まります。

# 映像制作用カメラ企画スタッフ

## Movie Camera Developer

ソニー
藤吉智子さん
入社2年目 30歳

世界のどこにもない
新しいカメラを
つくる仕事に
わくわくします

映画やコマーシャル（CM）、ミュージックビデオ（MV）などの撮影に使うための高機能なカメラが開発されています。ソニーで、世界各国のユーザー（使用者）から話を聞くことで自社のカメラ製品の改良を担当している藤吉智子さんにお話を聞きました。

用語　※ ソフトウェア ⇒ コンピューターのシステムを運用するためのプログラムやデータのこと。

# Q 映像制作用カメラ企画スタッフとは、どんな仕事ですか？

　私が働くソニーは、音響機器やテレビ、カメラなどをあつかう総合電機メーカーです。カメラには写真用や映像用など、用途によって多くの商品があり、より美しく、より迫力ある写真や映像を撮るために進化しています。

　私は、映画やコマーシャル（CM）、ミュージックビデオ（MV）などの質の高い映像制作に使われる「Cinema Line」というブランドのカメラを担当しています。担当するカメラのユーザーから、カメラへの要望や改善してほしい点を聞きとり、商品企画に役立てるのが私の仕事です。これらの意見をもとに新商品を企画することもありますし、販売中のカメラに使われているソフトウェア※の改良を行うことで、より使いやすく便利な機能をカメラにもたせることもしています。私はアメリカ地区を担当しており、ヒアリング※のために海外出張に行くことも多いです。国をこえて直接ユーザーから意見を聞けることも、この仕事の醍醐味です。

　実際に機能をかたちにするのは技術者であるエンジニアの仕事なので、要望が正しく伝わらないと意図したものとちがう仕上がりになってしまいます。そのため、まず私がユーザーの意見を正しく理解し、社内のエンジニアが誤解しないように伝える必要があります。

　「Cinema Line」シリーズにはたくさんの機種があります。それらの情報を企画チームで共有し、自分が担当するカメラの企画に活かしています。さらにレンズやマイクの企画チームとも連携し、数年先を見すえて企画を立てています。

## 藤吉さんのある1日（リモートワーク）

|  |  |
|------|------|
| 09:00 | 業務開始。オンライン朝礼でチームのスタッフと情報を共有する |
| 09:30 | 他部署とのオンライン会議 |
| 10:00 | 調べ物と資料作成 |
| 10:30 | 社内のエンジニアとオンライン会議 |
| 12:00 | ランチ |
| 13:00 | 都内の撮影現場を訪ね、カメラの使用状況を見学する |
| 15:30 | 帰宅して資料作成の続きを行う |
| 17:00 | SNSや投稿動画から、カメラの使用感についての情報収集をする |
| 19:00 | 業務終了 |

藤吉さんが担当しているFX30（右）、FX3（左）。FX3に取りつけているのは、片手で持ちやすくなるハンドル。「どちらも小型で軽量なので、若手クリエイターの最初の一台としておすすめです」

## 藤吉さんのおもなヒアリング先（アメリカの場合）

### ●アメリカの提携大学

ソニーは、アメリカの映像制作で有名な大学・学部と提携を結んでいる。提携先の学生に最新機種のカメラを使ってもらい、使い心地などをヒアリングする。

### ●アメリカのレンタルハウス

プロ用のカメラ機材は高価なので、個人では買いにくい。アメリカにはそのような機材の貸し出しサービス行うレンタルハウスがある。レンタルハウスに機材についての情報が集まる。

### ●全米放送事業者協会の展示会

アメリカの大都市では、カメラなど映像機材を中心とした放送機材の展示会が毎年開かれる。ソニーもブースを出し、商品を出展している。この展示会で世界のカメラ業界の流行を知ることができる。

### ●ハリウッドの映画監督

アメリカのハリウッド映画『トップガン』の撮影監督などが、ソニーのカメラを愛用している。本人から直接、要望を聞く。

### ●販売会社スタッフ

世界中に、ソニー製品を取りあつかう販売会社がある。販売会社に届くユーザーの声も重要な情報だ。アメリカの販売会社のスタッフに連絡をとり、ユーザーがカメラに何を求めているかを調べる。

---

用語　※ ヒアリング ⇒ 相手の意見や要望、意向を聞き取ること。

# 仕事の魅力

## Q どんなところがやりがいなのですか？

世の中にない、新しいものをつくることにわくわくします。「こういうことができたらいいな」という意見を聞いて、より使いやすいカメラをつくることに、やりがいを感じます。

また、私はアメリカ担当なのでアメリカへ行くことが多く、ハリウッドの映画監督などからお話を直接聞くことができるのも刺激的です。制作現場の規模の大きさにも圧倒されますね。映画制作には俳優なしのカメラテストという撮影工程があるのですが、テストなのにヘリコプターまで飛んでいました。そういった現場を見られるのも、楽しいです。

## Q 仕事をする上で、大事にしていることは何ですか？

ユーザーにヒアリングをした際の要望を、深くくみ取ることを大切にしています。「こうしたい」という要望を言葉通りに受け取るのではなく、相手の無意識のうちに表れる仕草や表情なども観察し、要望の根本の部分に気づくことを心がけています。よくよく話を聞いていくと、今ある機能を使えば解決できたり、相手が思っていることとはちがう方法でも望む効果が出せたり、ということもあるからです。

ユーザーの「こうしたい」をできるだけ叶えるため、要望をそのままエンジニアに伝えるのではなく、「どうしてそうしたいのか」までふくめて伝えられるように努力しています。

ユーザーの要望をエンジニアに伝えるための資料をつくる。「やる気になってもらえる資料をつくることが、とても大切です」

いつも担当のカメラを持ち、ヒアリングした内容を操作して確かめられるようにしている。

## Q なぜこの仕事を目指したのですか？

ソニーに入る前は、映像制作の会社でキャラクターのライセンス※に関する仕事をしていました。ある海外キャラクターの著作権管理の日本での窓口となって、キャラクター商品の売り方を考えたり、キャラクターをもっと知ってもらうためにSNSを運用したりする仕事です。

人気のあるキャラクターでしたし、楽しい仕事ではありました。けれどしだいに、すでに人気の商品やキャラクターをどのように売りこむかを考えるよりも、おおもととなる「もの」をつくる仕事の方が自分は好きだな、と思うようになったんです。また、そもそもその商品・キャラクターが魅力的であれば自然と売れていくはず、とも感じていました。そこで、自分が「魅力的な何か」を生み出す側の仕事をしたいと考え、製品を企画して製造する、メーカーへの転職を決意しました。

ソニーを選んだのは、自分もソニー製の商品を使っていて好きだったことや、ちょうど興味のあるカメラの企画をする仕事の募集があったことが理由です。

用語　※ライセンス ⇒著作物などの使用を許可すること。

## Q 今までにどんな仕事をしましたか?

新しい商品やアップデートする機能を企画し、世に出すまでには時間がかかります。私は入社2年目なので、まだ「自分がこれをつくった」と言えるものはありません。先輩方のつくった商品の評判などを見ながら、学んでいるところです。

先輩から聞いた、映画『トップガン』の撮影監督からの要望の話が印象に残っています。戦闘機のなかでカメラを使いたいけれど、従来のカメラは大きすぎて、戦闘機内では撮影できないということでした。要望を受けて、ソニーの企画チームが、レンズをカメラ本体からはなしてチューブでのばす新しい機材を開発しました。実際にそのカメラで撮影した映画を観たとき、私までうれしかったですね。

企画チームのメンバーに、ユーザーから聞いた情報を伝える藤吉さん。「どんな細かいことでも、おもしろがって共有できるチームです」

## Q 仕事をする上で、難しいと感じる部分はどこですか?

ヒアリングした要望の優先順位を決めるのが難しいです。すべての要望に対応したいのですが、オーダーメイド※の商品ではないので、ひとつの機能の追加でできるだけ多くの要望に応えられるようにする必要があります。

例えば「戦闘機のなかで撮影がしたい」という要望は、「せまい場所で撮影しやすい」という要件に広げることで、ほかの方にもうれしい機能となります。広げることが難しい要望ほど優先度合いが下がってしまうので、悩ましいですね。

## Q この仕事をするには、どんな力が必要ですか?

つねに考える仕事なので、「すぐにかたちにならなくても考え続けられる力」が必要かもしれません。私は、ヒアリングでどのような聞き方をしたらユーザーの本当の困り事を引き出せるか、聞いてきた要望をどのようにエンジニアに伝えればわかってもらいやすいのかを意識して考えます。また、どういう機能にすればより多くの方の要望を叶えることになるのかも、考え続けています。

「こうしよう」と決まった後も、思うように開発が進まなかったり、費用がかかりすぎるなどの壁にぶつかったりします。そのたびに別の方法を考えます。商品になるまで数年かかることもめずらしくないので、考えることを楽しめる人でないと、つらくなってしまうかもしれません。

いろいろな意見をおもしろいと思えることも大切です。多くのことに興味をもち、多くの意見に耳をかたむけられるほど、企画のアイデアの引き出しが増えると思うからです。

• 担当しているカメラ •

• ペンとノート •

• 名刺(英語版) •

## PICKUP ITEM

Cinema Lineシリーズのうち、藤吉さんが担当するのはＦＸ３０(右)とＦＸ３(左)という機種。センサーのサイズがちがうため、ＦＸ３の方がより高感度だ。ペンとノートをつねに持ち、ユーザーの声を集めることで新商品のアイデアのヒントを探す。担当はアメリカ地域なので、英語で書かれた名刺が必需品。

用 語 ※ オーダーメイド ⇒ ひとつひとつ注文に合わせてつくること。またつくられた商品。

# 毎日の生活と将来

## Q 休みの日には何をしていますか？

旅行が好きなので、国内も海外もいろいろなところに行きます。ソニーは休暇がとりやすいこともあり、年に2回は海外に行っています。これまででとくに印象に残っている国は、キューバとモロッコです。キューバは、初めて訪れた社会主義国だったので興味深かったですし、モロッコは人と人との距離感がとても近く、とまどうこともありましたが新鮮でした。

「趣味と仕事をかねて、休日に出かけるときにもカメラを持ち歩くことが多いです。カメラで写真を撮ることが、単純に好きです」

「左がキューバ、下がモロッコで撮った写真です。どちらも印象深い国でした」

## Q ふだんの生活で気をつけていることはありますか？

街で、カメラを持っている人に目が行きがちです。友人の結婚式のたびに、式場のカメラマンがどの機種をどのように使っているのかが気になり、ずっと見ていました。レンズやストロボの使い勝手や、どういう点が気に入ってその商品を選んだのか聞いてみたくて、本当は毎回話しかけたいのですががまんしています。意識的に「仕事の役に立てよう」と心がけているわけではないのですが、観察での気づきが何かのヒントになるかもしれないと思っています。

以前にいた映像制作の会社で、字幕吹替の仕事をしているときは映画館で翻訳者の名前が気になり、ライセンスの仕事をしていたときはあらゆるキャラクターが気になりました。仕事で関わるものに影響される性格だと思います。

### 藤吉さんのある1週間

| 時間 | 月 | 火 | 水 | 木 | 金 | 土 | 日 |
|---|---|---|---|---|---|---|---|
| 05:00 | 睡眠 | 睡眠 | 睡眠 | 睡眠 | 睡眠 | | |
| 07:00 | | | | | | | |
| 09:00 | 朝礼 | アメリカの会社とミーティング／朝礼 | 朝礼／ユーザーヒアリング | 朝礼／アメリカの会社とミーティング | 朝礼 | | |
| 11:00 | エンジニアチームとミーティング | 企画会議 | 社内ミーティング | | | | |
| 13:00 | お昼休み | お昼休み | お昼休み | お昼休み | 業務用機器展示会へ | | |
| 13:00–15:00 | 出社／ミーティング | エンジニアチームとミーティング | クリエイティビティ研修 | エンジニアチームとミーティング | 業務用機器展示会へ | | |
| 15:00 | 調べもの・資料作成 | 企画チームのミーティング | | アジアの会社とミーティング | | | |
| 17:00 | 企画チームのミーティング | 企画チームのミーティング | 企画チームのミーティング | 企画チームのミーティング | | 休日 | 休日 |
| 19:00 | 退社 | ヨーロッパの会社とミーティング | エンジニアチームとミーティング | | | | |
| 21:00 | 夕食など | 夕食など | | 夕食など | 夕食など | | |
| 23:00 | | 夕食など | 夕食など | | | | |
| 01:00 | 睡眠 | 睡眠 | | 睡眠 | 睡眠 | | |
| 03:00 | | | 睡眠 | | | | |
| 05:00 | | | | | | | |

自宅で仕事をすることが多い。海外の会社とのオンラインミーティングや、社内の各チームとのミーティングを頻繁に行う。カメラなどの機器類の展示会へも参加した。

## Q 将来のために、今努力していることはありますか？

「日々楽しく働く」ことを意識しています。

前職では、がむしゃらにとにかく仕事をする、という働き方でした。転職をする際に、「プライベートを犠牲にしてまで働くのはもういいな。自分が楽しいと思える働き方をしよう」と考えるようになりました。生きていくためには働く必要がありますが、楽しくなければ働き続けられないと思うからです。

会社員として働くには、やりたいことだけをやればいいわけではありません。自分がやりたいことをやるために、求められたことにはしっかりと応える、ということを考えながら働いています。自分の価値を発揮するには、バランスが大事という気がしています。

ソニーの来客フロアには、これまでに発売されたカメラが並ぶ。「先輩たちの仕事から、日々学んでいます」

会社には、仕事に役立ちそうな本のコーナーも用意されている。「書籍からの情報収集も、ときには必要ですね」

## Q これからどんな仕事をし、どのように暮らしたいですか？

入社2年目の社員として、まずは、自分が企画した商品が世に出るまでの流れをひと通り経験したいです。また、現在担当しているシリーズは海外がメインの市場なので、チャンスがあれば海外で働いてみたいです。

ソニーグループは、ゲームや音楽など、カメラ以外の分野もはば広く手がけています。最近では電気自動車もつくり始めました。自分の興味がほかのものに向くかもしれないので、カメラだけにこだわらず、自分がおもしろいと思った方に進みたいと思っています。

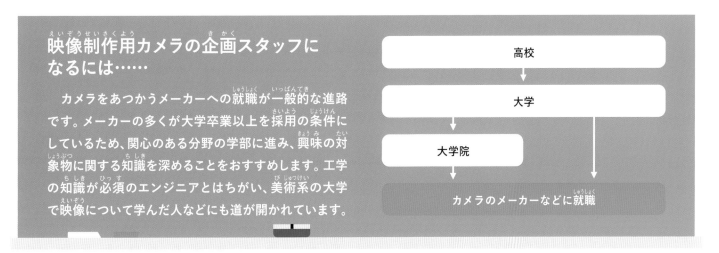

### 映像制作用カメラの企画スタッフになるには……

カメラをあつかうメーカーへの就職が一般的な進路です。メーカーの多くが大学卒業以上を採用の条件にしているため、関心のある分野の学部に進み、興味の対象物に関する知識を深めることをおすすめします。工学の知識が必須のエンジニアとはちがい、美術系の大学で映像について学んだ人などにも道が開かれています。

```
高校
 ↓
大学
 ↓
大学院
 ↓
カメラのメーカーなどに就職
```

# 子どものころ

## Q 小学生・中学生のとき、どんな子どもでしたか？

体育が得意で、中学校ではバスケットボール部に入っていました。また、ドラマやマンガ、アイドルなど、そのときの流行りにはとりあえず乗ってみるタイプでした。

流行り物が好きだった一方で、小学生のころから、考えこむことが多かったように思います。自分が今いる環境や人間関係など、あらゆることについて、「どうしてこうなったんだろう」「なんでだろう」とずっと考えていました。部活でも、人間関係などをつねに見ながら「今、私はここにいるのがよさそうだな」と考えて立ちまわることが多かったんです。そうすると、結果として、あまり楽しくないなと感じることがよくありました。大人になるにつれて、みんなそれほど考えていないとか、考えてもどうしようもないこともある、などと思えるようになりました。すると、気持ちが少し楽になりましたね。

自分やまわりの人を客観的にながめるという幼いときからのくせが、今の「ひたすら考える」という仕事につながっているのかもしれません。

バスケットボール部のみんなと撮った写真。真ん中に写っているのが藤吉さん。

## 藤吉さんの夢ルート

小学校 ▶ とくになし

将来についてはとくに考えていなかった。

▼

中学校 ▶ 法医学者、航空管制官など

好きだったドラマの影響でさまざまな職業にあこがれた。

▼

高校 ▶ 映画プロデューサーなど

進路について、とりとめなく夢想していた。高校2年生のときに、将来の選択肢が多くなると思って理系を選んだが、自分は実験が苦手ということに気づき、文系に転向した。

グラスホッパー
伊坂幸太郎

「小説が好きで、よく読んでいました。伊坂幸太郎の『グラスホッパー』（角川書店）がお気に入りでした」

## Q 子どものころにやっておけばよかったことはありますか？

今の仕事で英語を使っていることもあり、子どものときからもっと英語を勉強しておけばよかった、と思っています。受験勉強やテストのための英語ではなく、もっと実践的な会話などを重点的に学びたかったです。

もちろん学校で英語の授業はありましたが、大人になって海外旅行などに行くようになって初めて、「言っていることが相手に伝わるとうれしいんだ」と体感しました。そうすると、もっとコミュニケーションをとりたい、相手の言っていることがわかるようになりたい、と心から思えます。子どものときから、こういう実感をもって英語の勉強ができていたらよかったです。

## Q 中学のときの職場体験は、どこに行きましたか？

中学2年生のときに保育園へ行きました。なんとなく保育士という職業へのあこがれがあったので、保育園を選びました。

職場体験とは別に、実際に働いている大人による講演もありました。卒業生や在校生の父母の協力による講演で、仕事の内容や働くということについて、話を聞きました。

## Q 職場体験ではどんな印象をもちましたか？

保育園での体験は、ぼんやりとした「あこがれ」だけではできないなと思うほど、大変で疲れました。ニュースなどで、保育士の給料が高くないということを聞いたことがあったので、この大変さでお給料があまりもらえないのはつらいねと、いっしょに体験に行った友だちと話したことを覚えています。

働くことについての講演では、広告会社や国連で働く方などが講師をつとめていました。今思えば、いろいろな職業の方から直接お話を聞ける機会は貴重なのですが、当時はあまりそのありがたさを感じず、なんとなく「おもしろいな」と思ったくらいでした。大人になった今では、もっとちゃんと聞いておけばよかったと思います。

## Q この仕事を目指すなら、今、何をすればいいですか？

考えることを好きになれるとよいかもしれません。私自身が昔からそうだったのですが、「どうしてこれはここにあるの？」など、街を歩きながら、つねに周囲の環境に疑問をもって考えるくせをつけておくとよいです。私はそんな自分を面倒くさいと感じて、以前はあまり好きではなかったのですが、今の仕事でそのくせがとても役立っています。

疑問に感じるのは、自分が興味や関心をもっているからなのだと思います。疑問をもって考えることをくりかえしていると、自分の好きなものが見えてきて、将来の方向性を決める際にも役立つかもしれません。

クリエイティブな現場でのユーザーの声を、商品づくりに活かします

# － 今できること －

ふだんの暮らし

動画が撮れるカメラについて理解を深めましょう。可能であれば、実物に触ってみてください。また、学校や街なかにあるものやことに「なぜ？ どうして？」と疑問をもったら、その疑問を大切にし、それらについて考えたり、調べたりしてみましょう。本やインターネットで得た知識をもとに「こうしてみたら、どうなるかな？」と、自分のアイデアを加えて絵や文章にまとめるのもおすすめです。さまざまな物事に興味をもち、そのことについて考え続ける習慣を身につけるとよいでしょう。

国語
話し合いをするときは、相手の考えと自分の考えとの共通点やちがいを整理することを意識してみましょう。ユーザーの意見を深く読み取るのに役立ちます。

社会
企画の仕事では、国内外の文化や歴史、できごとなどあらゆる知識が役に立ちます。地理、歴史、公民をまんべんなく学びましょう。

技術
材料と加工法や設計・製作などの基礎技術を身につけましょう。製品の新しい企画を考えたり、エンジニアの意見を深く理解したりするのに役立ちます。

英語
海外のユーザーとのやりとりもある仕事です。英語の基礎を学んで、英会話に慣れておきましょう。

# クリエイティビティ・エバンジェリスト

## Creativity Evangelist

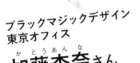

ブラックマジックデザイン
東京オフィス
**加藤杏奈**さん
入社5年目 30歳

クリエイターと
いっしょに
**映像の可能性を**
**広げていきます**

ブラックマジックデザインは、オーストラリアに本社をおく総合映像機器メーカーです。東京オフィスでクリエイティビティ・エバンジェリストとして働く加藤杏奈さんにお話を聞きました。

用 語 ※ CEO ⇒ Chief Executive Officerの略。
会社の最高経営責任者のこと。

用 語 ※ ディスクジョッキー（DJ）⇒ラジオ番組やダンス・クラブなどで選曲し、曲をかける人。

# Q クリエイティビティ・エバンジェリストとはどんな仕事ですか？

私たちの会社は、映像制作にたずさわる人向けに高品質なカメラや動画編集ソフト、配信用機材などの製品を開発しています。プロに限らず、開発した製品をだれでも使えるように低価格、または無料で提供しているのが、私たちの会社の特長です。高性能の機器は高価なものが多いですが、お金がなくても才能のある人に使ってもらうことで、映像制作業界の未来を開拓できると考えているからです。

クリエイティビティ・エバンジェリストは、私たちの会社のCEO※が命名した独自の役割名です。「エバンジェリスト」は「伝道者」の意味をもつ言葉で、「クリエイティビティ・エバンジェリスト」には創造力を伝える人、という意味がこめられています。私の仕事は、クリエイターの創造力を通じて製品のよさを人々に広く伝えることです。

まず、才能のある魅力的なクリエイターをYouTubeやInstagramなどを通じて世界中から探しだします。私たちがいうクリエイターとは、ファッションやゲーム、料理、音楽などのさまざまな分野で映像制作に挑戦している人のことです。彼らに、私たちの製品を動画撮影や編集に使ってもらいたいというメッセージを送ります。承諾を得たら、その人がつくりたいものを実現できるよう、最適な機材や機能を紹介して、提供します。さらに、創作に関する相談に丁寧に応じることで、彼らが成功を手にすることを手伝います。

クリエイターに製品を利用してもらい、発信してもらうことで、映像制作の楽しさや製品のよさを世界中に知ってもらうことができます。映像制作を楽しむ人が増えれば、新製品の購入につながり、利益が期待できると考えています。

## 加藤さんのある1日

| | |
|---|---|
| 09:30 | 出社。メールなどのチェック |
| ▼ | |
| 10:00 | 支援またはコラボ（共同制作）を考えているクリエイターとのミーティング |
| ▼ | |
| 12:00 | 支援・コラボ提案についての資料作成 |
| ▼ | |
| 14:00 | ランチ |
| ▼ | |
| 15:00 | 製品について勉強し、理解を深める |
| ▼ | |
| 17:00 | SNSでコラボによさそうなクリエイターを探す |
| ▼ | |
| 18:30 | 事務作業をして退社 |

ブラックマジックデザインが開発・提供している動画編集ソフト、「DaVinci Resolve」の編集操作画面。ソフトは無料版・有料版ともに、会社のホームページからダウンロードできる。

## 加藤さんが支援しているクリエイターの例

● **クッキングアーティスト**

イギリスでシュガーアート（粉糖と卵白を使った芸術作品）を学んだ日本人クリエイター。感染症の流行によって教室の開催が難しくなり、動画配信を始めた。

● **ディスクジョッキー（DJ）※**

DJの仕事と同時に、作曲や動画制作も行うトルコ人クリエイター。さまざまな国の古いビニールレコードをミックス※して、配信している。

● **ダンサーグループ**

アメリカでダンサーとして活動しているグループ。ダンス教室を開いていたが、感染症の世界的な流行をきっかけに、YouTubeでの動画配信に力を入れている。

● **映像クリエイター**

企業からの依頼を受けて、プロモーションの映像をつくっているカナダ人のクリエイター。撮影や編集の技術を、希望する人に教えている。

● **ビデオグラファー**

ベトナム人の動画クリエイター。おしゃれなVlog※を制作し、日本で広めた。編集ソフトDaVinci Resolveを使用していることで、影響を受けて使う人が増えた。

用語　※ ミックス⇒録音された音を高品質に調整すること。

用語　※ Vlog⇒ビデオブログの略で、動画版のブログのこと。ライフスタイルや日常を動画で発信するもの。

# 仕事の魅力

## Q どんなところがやりがいなのですか？

毎日が刺激的でおもしろいところです。さまざまな考え方や創造力、価値観、情熱をもつ人と関わるのが楽しくて、仕事に夢中になっているとあっという間に終業時間になってしまいます。1日が30分くらいに感じるほど充実しています。

この会社に入るまで、自分にとって映像関連の仕事はまるで知らない世界で、「レンズがないと、映像って本当に撮れないんだ」と思ったくらいでした。そのため、映像制作に慣れない人とも同じ目線で話ができます。映像のもつ力ははかりしれないので、クリエイターのみなさんが力を発揮することでもっとおもしろい世の中になるはずです。そのお手伝いができることに、やりがいを感じます。

「ブラックマジック・ロウ」という、映像に色をつける機能について説明してくれる加藤さん。「知れば知るほど、奥が深いです」

## Q 仕事をする上で、大事にしていることは何ですか？

クリエイターのみなさんに、いっしょに取り組んでみたいと思ってもらうことがスタートなので、あせらず、時間をかけてその人の内面を知ることを大事にしています。仕事で出会うクリエイターは国籍もさまざまで、考え方もちがえば、大事にしている部分もちがうので、共感や尊敬の気持ちをもって接することが大事です。その人の経験や人生観を知ると、とてもおもしろいなと思いますし、自然と共感や尊敬の念をもつことが多いですね。

## Q なぜこの仕事を目指したのですか？

この仕事をはじめから目指していたわけではありません。専門学校で英語を学んだ後に、やりたいことが見つからなかったのでオーストラリアに留学しました。オーストラリアで観光学を学び、修了証明書を取得して日本にもどり、旅行会社で添乗員の仕事をしました。

旅先ではトラブル対応も多く、体力的にも大変でしたが、仕事はおもしろかったです。ひとりで参加するお客さまが多く、不安そうにしている方の話し相手をしました。すると、「また加藤さんのツアーに参加したいです」とわざわざ会社宛に手紙を送ってくださって、うれしかったですね。このように楽しく働いていたのですが、感染症の世界的な流行により、旅行業界は先が見えない状況になってしまいました。

仕事ができない状態がいつまで続くのかな、という不安を感じていたとき、ブラックマジックデザイン 東京オフィスの仕事の募集を見つけたんです。映像系のメーカーと書いてあったのですが、とくに経験はなくてもできる仕事ということだったので、やってみようかなと思いました。オーストラリアの会社であり、CEOが自分の留学した学校の出身者だと知って縁を感じたこともあって、転職を決めました。

会社の先輩と話をする。「会社のことをたくさん知りたいんです。職歴の長い先輩から聞く会社の昔の話に、いつも興味津々です」

## Q 今までに どんな仕事をしましたか？

週に2回のアルバイトから始めて契約社員になり、社員になりました。今は、クリエイターを見つけて支援する仕事のほかに「イベントコーディネーション」の仕事を担当しています。これは、国内外で開催されるさまざまな展示会に出展する仕事です。放送や映像業界以外の展示会にも出展して、CEOの想いや製品の魅力を世界中に伝えています。

例えば、教育に関するイベントや「東京ゲームショウ」などのほか、オーストラリアのシドニーで開催されたアメリカのカルチャー系イベントにも出展しました。映像制作には関係ないと思われがちなイベントにも積極的に参加して、たくさんの人に会社や製品を知ってもらおうと思っています。

オーストラリアで開かれたポップ・カルチャーのイベントに出展したときの写真。加藤さんは左から3番目。「本社のメンバーとふれあう機会にもなりました」

## Q 仕事をする上で、難しいと 感じる部分はどこですか？

クリエイターへ依頼するときやイベントなどで、この会社の名前を知らず、製品を使ったことがない人にどうしたら興味をもってもらえるか、という部分が難しいです。

当社の製品はもともとプロ向けにつくられているので、説明書には専門用語が並びます。高度な機能を難しく感じた方から、敬遠されることも多いです。そんなときは、自分には映像制作の経験がないことを伝えます。すると、お客さまも安心するのか、興味をもって話を聞いてくれるんです。

映像制作初心者や動画配信未経験者が当社の製品を手にしたときの気持ちを、「難しそう」から「使いたい」に変えるにはどうしたらよいかをいつも考え、工夫を重ねています。

## Q この仕事をするには、 どんな力が必要ですか？

ひとつは、つねに進化し成長し続けることを目指す力です。製品はバージョンアップをくりかえしてどんどん進化していくので、新しい知識や経験を身につけて自分自身をいつも最新版にしておくことが必要です。それには、上司やお客さまから何か言われるのを待つのではなく、自分から必要になることを予測して動くことが大事です。私は、新しいことにもすぐに挑戦できるように、いつも心構えをしています。

もうひとつは常識にとらわれない発想力です。個性的で独特な視点でつくられた製品は、クリエイターに喜ばれています。つねに新しいものを生み出そうとする映像業界では、ありきたりのものではなく、おもしろいことが重要です。柔軟な思考力と、独創的で一風変わったアイデアをもっていることが求められていると思います。

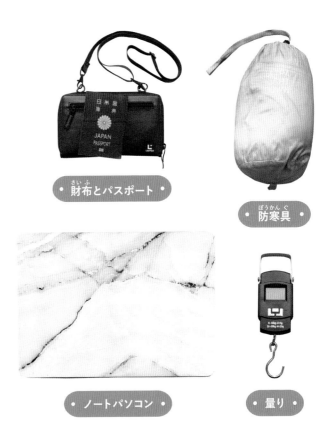

・財布とパスポート・

・防寒具・

・ノートパソコン・

・量り・

### PICKUP ITEM

海外出張の多い仕事なので、ストラップつきの横長財布とパスポートをいつもセットにして持っている。急な寒さに対応できるように軽量の防寒具も必需品だ。また空港で預ける荷物の重量がオーバーしないよう、量りもつねに持っている。会社から貸与されたノートパソコンは、カバーをつけて大事に使う。

# 毎日の生活と将来

## Q 休みの日には 何をしていますか？

食事や旅行に出かけます。学生時代の友だちは気心が知れているので、いっしょにいて心地よさを感じますね。両親とは3人でジムに行くほど仲良しです。大人になってから、自分にとって大切な時間は、本当に信頼できる人と過ごすようになりました。

ひとりで映画を観に行くこともあります。この会社で働き始めてから、技術的な面や制作する側の意図など、別の視点で映画を観るようになりました。エンドロールを見て、当社の編集ソフトが使われているのを知ると、とてもうれしいです。プロの人たちが力を合わせてつくる映画のすばらしさと、自社商品のすごさに、あらためて気づかされます。

「母の誕生日のお祝いに、食事に出かけました。これからも、家族と過ごす時間を大切にしたいです」

「お笑いライブに行きました。ライブの演出にも映像が使われていて、興味を引かれますね」

## Q ふだんの生活で気をつけて いることはありますか？

体調管理に気をつけています。海外出張が年に数回はあるので、時差や長時間の移動などが重なると、体調をくずしやすくなるからです。

時差のせいで、帰国してから眠れなくて困ることもありますね。そんなときはジムに行って体力を使い果たします。疲れ切って眠ってしまうように、自分で仕向けるんです。

また、仕事をするときはめいっぱい働いて、週末は何もしないで過ごすなど、メリハリをつけるようにしています。体調不良はつらいことですから、ふだんから十分な睡眠、バランスのよい食事、水分補給、適度な運動を心がけています。

| | 月 | 火 | 水 | 木 | 金 | 土 | 日 |
|---|---|---|---|---|---|---|---|
| 05:00 | 睡眠 | | 睡眠 | 睡眠 | 睡眠 | | |
| 07:00 | 食事・移動 | 睡眠 | 食事 | 食事・移動 | 食事・移動 | | 睡眠 |
| 09:00 | メールチェック | 食事 | メールチェック | | メールチェック | | 食事・移動 |
| 11:00 | 会議 | クリエイター向けプレゼンテーションの材料作成 | ランチ | イベント準備 | 会議 | | イベント準備 |
| 13:00 | ランチ | | | ランチ | ランチ | | |
| 15:00 | 会議 | ランチ | 会議用の資料作成 | 会議 | 会議 | | |
| 17:00 | 機材整理 | クリエイター向けプレゼンテーションの材料作成 | | 国際郵便を発送 | クリエイター向けプレゼンテーションの材料作成 | 休日 | イベント |
| 19:00 | | | オンライン会議 | | | | 休憩 |
| 21:00 | 帰宅 | | 食事 | 帰宅 | ジム | | イベント |
| 23:00 | 食事 | | ジム | 食事 | 帰宅 | | |
| 01:00 | | | 帰宅 | | 食事 | | 帰宅 |
| 03:00 | 睡眠 | 睡眠 | | 睡眠 | | | 睡眠 |
| 05:00 | | | 睡眠 | | 睡眠 | | |

### 加藤さんの ある1週間

この週は火曜日と水曜日に自宅で仕事をし、ほかの日は出勤して資料をつくったり、イベントの準備をしたり、会議に出たりした。日曜日には一日がかりのイベントをこなした。

## Q 将来のために、今努力していることはありますか？

　英語の勉強を続けています。英語を話すことはできますが、映像に関するニュースや論文、製品のマニュアルには専門的な単語が多いので、それらも理解できるようになりたいです。英語に多くふれるため、映画は字幕なしで観ています。

　また、当社で出している製品に関する勉強も、つねに行っています。新しい製品や新しい機能がどんどん生まれるので、追いつくのが大変です。

　この会社に入って信頼できる上司に出会えたことで、人生が変わったと感じます。心から尊敬できる人が身近にいることは、幸せなことです。信頼できる人と積極的に関わることでたくさん刺激を受けて、新しい世界への見聞を広げ、つねに柔軟な発想ができるようにしていきたいです。

「会社の屋上は見晴らしがよい。「つい仕事に夢中になりますが、たまには外の空気を吸うようにしています」

「ここは会社のデモコーナーです。おもな製品を、いつでも触って勉強できるようにしてあります」

## Q これからどんな仕事をし、どのように暮らしたいですか？

　上司からまかされる仕事は、まさに自分が「やりたい」と思っていることなので、仕事内容にはとても満足しています。自分としては「こんなこともやっていいのか」と迷うような場合でも、ありがたいことに上司は「お願いしたい」とまかせてくれます。私を信頼して何か役目をあたえてくれるならば、「何でもやります」という気持ちでいます。この会社が大好きなので、自分が会社に貢献できることがあればうれしいですね。

　製品のはばが広がり、会社はどんどん成長しているので、将来はもっとよい製品が開発されておもしろくなると信じています。今後もこの仕事を続けていきたいです。

---

### クリエイティビティ・エバンジェリストになるには……

　世界中のクリエイターとやりとりをしたり、海外へ出張したりする機会があるので、英語を読み書きし、会話する力があるとよいでしょう。海外の文化に関する興味や知識もあると、仕事に役立ちます。映像関係の学科や学部がある芸術・美術系の大学や専門学校に進み、映像制作の基礎的な知識や技術を学ぶこともおすすめです。

```
高校
  ↓        ↓
大学      専門学校
  ↓        ↓
映像機器メーカーへ就職
```

# 子どものころ

## Q 小学生・中学生のとき、どんな子どもでしたか?

ひとりっ子で両親が共働きだったので、小学生のころは祖父母と過ごすことが多く、おじいちゃんおばあちゃん子でした。母が夜勤になることもあったので、放課後は母が用意してくれていたディズニー作品や「ハリーポッター」シリーズなど海外の映画作品をDVDでひとりで観ていることも多かったです。

母は映画館にも連れて行ってくれましたが、字幕つきの海外作品ばかりでした。音声は英語なので、まるで理解できず、小学生の私には字幕で表示される漢字も読めません。映画の内容がよくわからないながらも、雰囲気や勘で自分なりに楽しんでいたことを覚えています。

このように、小さなころから海外の映像作品にふれる機会が多かったためか、「日本語を話すのは日本人だけ」という感覚をもっていました。世界中の人たちと友だちになれたらいいなと思い、5歳か6歳のころから英会話スクールに通わせてもらいました。

中学校に入ると、卓球部の活動がいそがしくて英会話スクールはやめてしまいましたが、英語は大好きでした。ほかの科目はまったくだめでも英語だけは成績がよく、その当時から「いつか留学できたらいいな」と思っていました。

### 加藤さんの夢ルート

> 小学校 ▶ ディズニーランドのキャスト

ディズニーの映画が好きだった。

▼

> 中学・高校 ▶ ディズニーランドのキャスト

変わらず、ディズニーランドでキャストとして働く夢をもっていた。

▼

> 専門学校 ▶ ツアーコンダクター

「東京2020オリンピックで役に立ちたい」という思いから、旅行業界に興味をもった。

「中学校のころに使っていた色ペンと、当時卓球部の試合で使った玉です。物持ちがいいねとよく言われます」

子どものころに映画館で観た映画のチケットをファイルしてとってある(左)。映画のサウンドトラック(下)のCDもよく聴いていた。

## Q 子どものころにやっておいてよかったことはありますか?

やはり英語の勉強ですね。留学することができましたし、今の仕事にも結びついたからです。

ただ、日本人なのに国語が苦手で、英語の成績だけがとびぬけてよかったためか、高校生くらいまではまわりの人と話が合わず、変わった人だと思われていました。「英語だけできても、しょうがなくない?」などと批判されたこともありました。

留学するときにもいろいろなことを言う人がいて悩みましたが、留学したかいがあって、個性を尊重してくれる今の会社に入ることができました。人がどう思うかを気にせずに留学してよかったと思っています。

## Q 中学のときの職場体験は、どこへ行きましたか？

中学2年生のときに、2週間の職場体験で地元の幼稚園に行きました。私はきょうだいがいないひとりっ子でしたが、年のはなれた年下のいととよく遊んでいて楽しかったので、子どもの面倒をみることにあこがれをもっていました。そのため、体験先はスーパーやケーキ屋さんなどではなく、幼稚園を選びました。清掃など先生のお手伝いをしたり、子どもたちと遊んだりして過ごしました。

## Q 職場体験ではどんな印象をもちましたか？

子どもは想像したよりも大人で、繊細で複雑な心をもっていると感じました。遊んで話を聞いてあげればよいと思っていたら、子どもには子どもなりの人間関係ができていたんです。

ある子に「先生はあっちの子たちとしゃべらないほうがいいよ」と言われたかと思うと、"あっち"側の子には「あの子たちは意地悪だから関わったらだめ」と言われました。恋愛がらみのやきもちが原因だと聞き、さらにおどろきました。同時に、子どもにわかるような言葉で指導したり、泣いている子への接し方を考えたりすることの難しさを知り、勉強になりました。

## Q この仕事を目指すなら、今、何をすればいいですか？

例えば異文化に興味があるならば、自分から情報を得てみてください。そして、挑戦したいことがあったら、まわりの意見にまどわされずにやるべきです。決断力はどの仕事にも活きるはずです。

今、自分が何をやりたいか、わからない人はそれでもいいと思います。何をしたいかわからなくても、悲観的になる必要はありません。なぜかというと、年齢や環境、経験によって、やりたいことは変わっていくからです。私の場合は、大人になってからもずっと、長く続けていきたいことが定まりませんでしたが、結果として、大好きな仕事に出合えました。

ブラックマジックデザインが大好きです次にどんな製品が出てくるのか、私も楽しみです

---

# － 今できること －

ふだんの暮らし

映画やテレビ、動画サイトやSNSを通じて、映像クリエイターたちがつくるさまざまな映像作品を見てみましょう。気になる作品から、「この映像はどうやって撮影しているんだろう」「どんな機材やソフトが使われているんだろう」などの疑問が浮かんだら、雑誌やインターネットを活用して調べてみることも大切です。また、海外のクリエイターたちと深く交流することがあるかもしれません。自分の興味のある分野の英語の記事を読むなどして、日常的に英語にふれておきましょう。

理科
凸レンズを通して見たときの物体の位置と像の位置、また像の大きさの関係について学びましょう。カメラのレンズの仕組みが理解できます。

美術
動画編集ソフトがもつ機能についての理解を深めるために、多くの美術作品を鑑賞して、形や色彩、光の性質について興味をもちましょう。

技術
情報に関する技術の授業でメディアの特徴と利用方法を学びましょう。パソコンの基本操作も身につけましょう。

英語
海外の人と対話ができるように、イントネーションなどの英語の音声の特徴をとらえて発音し、自分の考えや気持ちを英語で伝えられるようにしましょう。

# 配信用映画の調達担当者

## Procurement Staff of Movie Contents for Distribution

U-NEXT

U-NEXT
齊藤 瑶さん
入社8年目 29歳

映画ファンにとって
かゆいところに手が届く
品ぞろえを目指します

映画やドラマ、アニメなどをインターネットで配信するサービスがあります。サービスの利用者は、月々の料金を支払うことで見放題などのサービスを受けられます。U-NEXTという会社で映画を調達する仕事をしている齊藤瑶さんに、お話を聞きました。

用語　※コンテンツ⇒インターネットメディアを通して伝えられる、おもに娯楽系の情報内容のこと。映画や音楽のほかに、演劇、朗読、マンガ、アニメーション、コンピューターゲームなど、さまざまな分野の作品がある。

# Q 配信用映画の調達担当者とはどんな仕事ですか？

U-NEXTでは、さまざまな会社から許可を得て、約30万本の動画のコンテンツ※を配信しています。著作権をもつ会社から配信する許可を得ることを調達と言っており、部署ごとにドラマやアニメ、バラエティなどのコンテンツを調達しています。私は映画部で、映画の調達を担当しています。

この映画を新しく配信したい、と映画部で決めたら、私はその映画を配信する権利をもつ映画会社などと交渉を行います。U-NEXTで1年間配信するといくらの契約になるか、あるいは3年間ではどうか、などの交渉をします。契約金は作品によって数万円から数億円までさまざまです。

私たちは、新作映画は基本的にすべて配信しますが、古い映画も発掘します。古い映画の場合はだれが権利をもつのかをつきとめるのが難しく、関係者を何人もたどっていくと結果的に数か国をまたぐこともあり、まるで宝探しの冒険をしているような気分になります。

契約が成立したら、他部署と協力して配信の準備をします。海外の作品の場合、日本語吹替版を制作することもありますね。プロモーション※は、配信前から念入りに行います。せっかくU-NEXTのラインナップに加えたのに知られないのではもったいないので、WEBサイトやSNSに広告を出し、宣伝するのです。

私が入社したときには映画の配信本数は4000本くらいでしたが、7年間で1万7000本にも増えました。自分の好きなときに好きな場所で好きな映画を楽しみたい人たちのために、さらに充実したサービスを目指しています。

## 齊藤さんのある1日

| | |
|---|---|
| 09:30 | 出社。メールチェック |
| 10:30 | 社内で配信作品のプロモーションについて打ち合わせ |
| 11:00 | 社内で配信コンテンツの納品スケジュールについて打ち合わせ |
| 12:00 | ランチ |
| 13:00 | 配信の権利をもつ映画会社を訪問 |
| 14:00 | 会社にもどって作業（契約書作成など） |
| 16:00 | 公開する作品を社内でチェックする |
| 17:00 | 新作映画の試写会に出かける |
| 19:30 | 退社 |

文やマンガを投稿できるインターネットサービス「note」に、齊藤さんが映画部の部員として投稿したコラム。これもプロモーションの一環だ。

## 映画配信にたずさわる部署

**● 映画部（齊藤さん所属）**

U-NEXTで配信するための映画コンテンツを調達する。配信する権利をもつ会社に対して営業を行い、U-NEXTでの配信の条件を交渉する。おもに日本国内の会社を担当する。

**● 国際部**

映画部と同じように、U-NEXTで配信するための映画コンテンツを調達する。おもに、海外の会社との取り引きを担当する。映画部と連携して洋画の字幕や吹替版の作成なども行う。

**● ブランドマーケティング部**

映画部や国際部の担当者と連携し、新しく配信するコンテンツの報道発表資料を作成する。また、SNSで新コンテンツの配信開始を告知し、宣伝する。

**● マーケティング部**

U-NEXTへの新規加入の顧客を増やすために、WEBなどさまざまな分野で広告・宣伝を行う。新規加入のきっかけとなった作品のタイトルを集計し、それぞれの部署に結果を報告する。

**● 推進部**

U-NEXT独自のシステムへの配信開始日時の登録作業を担当する。また配信用データ形式への変換作業も行う。これらにより、新しいコンテンツの実際の配信が可能となる。

用語 ※ プロモーション ⇒ 消費者に製品やサービスの存在を知ってもらい、購入につなげるための活動のこと。

# 仕事の魅力

## Q どんなところが やりがいなのですか？

見たい人が数人しかいないようなマニアックな映画でも、ファンがいる限り配信を目指すのがU-NEXTの志です。例えばサメが出てくる「サメ映画」のジャンルだけでも、かなり充実した品ぞろえとなっています。

映画を観た映画ファンの方がSNSで情報を拡散してくれて、ファンのみなさんで盛り上がっていることもあります。会社のWEBサイトを通じてサービスの利用者から感謝の言葉が送られてきたり、「U-NEXTは神様だ」などの言葉が発信されたりするのを見ると、がんばってよかったと思います。

U-NEXT独占配信の映画企画の台本を読んで、内容を確認する。その上で、U-NEXTからお金を出す価値があるかどうかを判断する。

配信権をもつ権利会社の担当者と商談をする齊藤さん。

## Q 仕事をする上で、大事にしていることは何ですか？

亡くなった母が病床で、社会人になった私に「人に対するリスペクト（尊敬の念）を忘れないように。おごってはいけない、謙虚でいなさい」と言ってくれました。この言葉を、つねに心に留めています。

私は昔から映画が大好きです。音楽も映像も文章も、すべてがつまった総合芸術だと思っています。映画の楽しさを世の中に広める仕事をする自分にとって、母の言葉は意味のあるものだと感じます。仕事で関わりのあるすべての人に対して、リスペクトを忘れないようにしています。

## Q なぜこの仕事を 目指したのですか？

父も母も映画が好きで、家族で映画館へ行ったり、ビデオを借りてきて自宅で観たりと、毎週映画にふれていました。中・高生のころは母とふたりでミニシアターへ行き、マニアックな作品もたくさん観ました。私も映画が大好きになり、将来は映画に関わる仕事をしたいと思っていました。

大学生になってひとり暮らしをしていたとき、B級映画※を観まくって、すっかりハマりました。きっかけは、中・高生のときに通っていた地元の美容室の美容師さんです。この人も映画好きで、「18歳になったらこれ観てみな」と言って、大人向けB級映画のリストをくれたんです。

就職活動のとき、有名な映画会社それぞれにB級映画を広めたいと言いましたが、「お金にならないよ」と門前払いされました。U-NEXTだけが「おもしろいじゃん」と反応してくれたんです。この人たちと働いてみたいと思いました。

映画部の打ち合わせはオンラインで行うことが多い。

用語　※B級映画 ⇒お金をかけず、短期間で制作される映画のこと。大作映画ではやりにくい野心的な試みができるなどの魅力がある。

## Q 今までに どんな仕事をしましたか?

アメリカの映画制作会社、トロマ・エンターテインメントの作品群を配信しました。低予算のＢ級ホラー映画やコメディー作品を数多く制作してきた会社で、笑いあり、涙あり、そしてショッキングなシーンもありという作風で、強烈な作品がたくさんあります。日本はもちろん、世界中に熱狂的なファンがいるほどの人気です。

私はU-NEXTに入社してから、この会社がつくった『悪魔の毒々モンスター』(1984年発表)の配信を目標にしていました。国際部と連携してアメリカへ問い合わせをし、条件交渉、コンテンツデータの手配、字幕制作を行い、2年かけてようやく配信できました。新聞やラジオでも取り上げられ、お客さまからの反響も大きく、本当にうれしかったです。

調達したコンテンツに問題がないか、スマートフォンとパソコンの両方を使ってチェックする。

• プログラムガイド •

• 特製紙袋 •

• クリアファイル •

• スマートフォン •

• イヤホン •

### PICKUP ITEM

会社から支給されたスマートフォンを使い、集中したいときにはイヤホンも使う。映画の配信権利会社へ営業に行くときには、U-NEXTが新コンテンツの情報発信ツールとして毎月発行しているプログラムガイドを、クリアファイルとともに特製紙袋に入れて持って行く。

## Q 仕事をする上で、難しいと 感じる部分はどこですか?

作品を配信する権利をもつ会社と交渉するときに、譲るべきところと、反対に、強く出なくてはいけない場面があり、どちらをとるべきかの見極めが難しいです。私はつい「わかりました、何とかします」などと言ってしまい、言うべきではなかったと後悔することがあります。映画部の1歳年上の先輩は私とは正反対で、強気な発言ができるタイプです。おたがいに相談しあったり、上司にアドバイスを求めたりすると、考えてもいなかった案が出てくることがあります。

## Q この仕事をするには、 どんな力が必要ですか?

好ききらいをせず、娯楽用コンテンツのいろいろなジャンルに向けてアンテナを張る力が必要です。ミーハーでい続けること、と言ってもよいですね。世の中で流行っているものに反応して追いかけるという「流行りものを好きな力」が、この仕事に向いています。私の場合は映画の分野が軸になっていますが、どんな分野を軸にする場合でも、多くの人を引きつけるものに興味をもって楽しむ姿勢が必要です。

さらにそれらのコンテンツがなぜ人気なのかを考えると、それらに共通項が見えてきます。その共通項が、新しいものが流行るかどうかを判断する「物差し」になります。

# 毎日の生活と将来

## Q 休みの日には何をしていますか？

ゴルフやフットサルなど、スポーツをして体を動かすことが多いです。中学・高校でいっしょだった友人たちと今も仲がよくて、いっしょにフットサルをやっています。会社のメンバーとスポーツをすることもありますよ。映画部の部長がメンバーを募集しているので、先輩たちといっしょにいろいろなスポーツを楽しんでいます。営業先で知り合った取引先の方とは、ゴルフをすることが多いです。

「社内のゴルフ大会に参加しました」（齊藤さんは中央やや左の、上下とも黒いウェアの人物）

「最近、海釣りにハマっています。船で沖まで出て、大物を釣り上げました！」

## Q ふだんの生活で気をつけていることはありますか？

音楽やマンガなど、SNSで話題になっているコンテンツに、できる限りふれるようにしています。私は仕事で映画にふれることが多いですが、流行りのアニメ作品や韓国ドラマなどもできるだけ追いかけようとしています。

知り合いがカレー屋さんをやっており、手伝いに通っているのですが、その店で常連のお客さんたちが「ネオ・ソウル」という新しい音楽のジャンルについて熱く語っていたんです。そこで私も、代表的な曲を聴いてみました。従来のソウルミュージックとのちがいが私にはわかりませんでしたが、そのようにしてみんなが話題にしているものに自分もふれてみるようにしています。

## 齊藤さんのある1週間

この週は木曜日だけ出社。ほかの日は、自宅でオンライン会議への参加や資料づくりをし、新作映画の試写会やU-NEXTが出資した作品の取材立ち会いへも出かけた。

| | 月 | 火 | 水 | 木 | 金 | 土 | 日 |
|---|---|---|---|---|---|---|---|
| 05:00 | | | | | | | |
| 07:00 | 睡眠 | 睡眠 | 睡眠 | 睡眠 | 睡眠 | | |
| 09:00 | メールチェック | メールチェック | 移動 | 移動・出社 メールチェック | メールチェック | | |
| 11:00 | 映画部会議 | 映画部会議 | 出資作品のインタビュー立ち会い 昼食 | 映画部会議 | 映画部会議 | | |
| 13:00 | 昼食 | 昼食 | 移動 メールチェック 社内会議 | 昼食 | 昼食 | | |
| 15:00 | 社内会議 移動 | 会議用資料作成 社内会議 | | 社内会議 | 会議用資料作成 | | |
| 17:00 | 映画試写会 帰宅 | 契約書作成 | 映画企画案件の台本チェック | 営業用資料作成 移動 | 社内会議 移動 | 休日 | 休日 |
| 19:00 | 夕食 | 夕食 | | | | | |
| 21:00 | | | 帰宅 夕食 | 会食 | 友だちとご飯 | | |
| 23:00 | | | | 帰宅 | | | |
| 01:00 | | | | | | | |
| 03:00 | 睡眠 | 睡眠 | 睡眠 | 睡眠 | 睡眠 | | |
| 05:00 | | | | | | | |

## Q 将来のために、今努力していることはありますか?

映像業界は、せまい業界です。△△社の○○さんはあの会社へ移ったんだね、という話を頻繁に聞くくらい、業界内での転職がとても多いです。いちどつながりができれば、業界内にいる限り、知り合いとして仕事がしやすいので、コネクション、つまり「○○社の△△さんなら知っているよ」というつながりが重要になってきます。

そのためふだんから、配信権をもっている会社や映画会社の人、制作プロデューサーの方などに会える機会があれば積極的に参加して、顔と名前を覚えてもらえるように心がけています。何かの仕事でほかの会社のだれかの役に立てたときには、「今回、がんばりましたよ!」とアピールします。将来、「人とのつながり」がよい仕事につながるよう、今から種まきをしています。

「U-NEXT では動画コンテンツだけでなく、マンガなどのデジタルコンテンツも提供しています。たくさんの人に楽しんでもらいたいです」

ふだんはリモートワークが多いため、出社したときはひさしぶりに顔を合わせたスタッフとの会話がはずむ。

## Q これからどんな仕事をし、どのように暮らしたいですか?

U-NEXT には係長、課長などの細かい役職がほとんどありません。ですので、課長や部長といった立場ではなく、この業界で「U-NEXT の齊藤瑤」として仕事をしていきたいです。将来は、自分の名前と仕事の技術だけで勝負できるようになりたいです。

最近結婚して家族ができました。子宝にめぐまれるならば、ふたりくらいいたらよいなと思いますね。自分が父親になるのなら、自分が両親にしてもらったようにいろいろな映画を観せたいです。それをきっかけに、何か自分の好きなものや興味のある分野を見つけてもらえたらすてきですね。

### 配信用映画の調達担当者になるには……

必要な資格はありませんが、海外の映画会社の作品をあつかうときは語学力があると役に立ちます。関連の会社に就職するのに、大学卒業以上などの条件が必要な場合もあります。外国語学部のほか、企画力をみがくために、経営学部などでマーケティングを学ぶこともおすすめです。

高校 → 大学 → 大学院 → 配信用映画コンテンツをあつかう会社に就職

大学 → 配信用映画コンテンツをあつかう会社に就職

# 子どものころ

## Q 小学生・中学生のとき、どんな子どもでしたか？

中学生のころは、男子の仲間たちといっしょに悪ノリするタイプでした。中高一貫の学校に通っていたのですが、ふざけすぎて授業のじゃまをしてしまい、親がしょっちゅう学校に呼び出されていたんです。母親とは週末にふたりで映画館や美術館に行くなど仲がよかったのですが、学校からの呼び出しにはさすがの母もうんざりしていましたね。私としては大人を困らせたいという気持ちはなかったのですが、友だちどうしでさわぐのが楽しくてどうにもおさまりませんでした。この悪ノリの傾向は、高校を卒業するまで続きました。

中学生のときは、勉強にも熱心ではありませんでした。数学が本当に苦手で、学年では下の順位から数える方が早いくらいの成績だったので、大学受験のときにはかなり苦労しましたね。

日本史の先生が魅力的で、授業が楽しかったのは印象に残っています。日本史に対する愛が強くて、興奮するとつい早口になってしまう先生でした。好きなことに対する思い入れの強さは、相手にそのまま伝わるものだと感じました。

中学時代はバスケットボール部で活躍した。「校則などが厳しい学校で窮屈に感じていましたが、部活などで友だちといっしょに過ごした時間は最高でした」

## 齊藤さんの夢ルート

**小学校 ▶ 消防士**
消防少年団に所属していたので、あこがれた。

▼

**中学校 ▶ とくになし**
3年生になってから、映画関係の仕事をおぼろげにイメージするようになった。

▼

**高校 ▶ 映画関係の仕事**
大学進学を考え始めたころから、映画に関する勉強をしたいと思うようになった。

▼

**大学 ▶ 映画関係の仕事**
「好きなこと」を仕事にしてみたいと考えた。

齊藤さんが定期購読していた月刊の映画雑誌『ROADSHOW』(集英社)。

## Q 子どものころにやっておけばよかったことはありますか？

もっと本を読んでおけばよかったです。私の場合、小学生のころにいちばん本を読んでいました。通っていた学習塾の国語の教材に出てくる引用文の、もとの作品を探して読んでいたんです。中学生からはこの習慣がなくなってしまったので、読書好きだった母はとても残念がっていました。

今、noteというインターネットサービスに、映画部員が持ちまわりで配信映画などについての記事を書いています。この執筆に苦労しています。もう少し語彙力や発想力があれば、書きたい文が頭に浮かぶはずなのに、とくやしいです。

## Q 中学のときの職場体験は、どこに行きましたか？

生徒全員が、地域の特別養護老人ホームへ行きました。ふたりひと組で夏休みに4日間、配膳のお手伝いや掃除、レクリエーションへの参加などを体験しました。

ほかに、社会人である卒業生がご自身の仕事について話をする講演会も、何回かありました。音楽家として活躍している方や、スポーツ界の方、銀行で働いている方などが話をしてくださった記憶があります。

## Q 職場体験ではどんな印象をもちましたか？

老人ホームでは貴重な体験をさせてもらいました。同時に、介護の仕事は自分にはとてもつとまらない仕事だとも感じました。朝が早いですし、入所者の方々の健やかな生活を支えるということは、一方で、ちょっとしたことがけがなどにつながりかねないということでもあります。現場で数日間を過ごし、人の命を預かる仕事の重みを思い知らされました。

卒業生による講演会については、正直に言うと、中学生のときの私は働くということについてまったく考えておらず、話の内容を覚えていません。もったいないことをしました。

## Q この仕事を目指すなら、今、何をすればいいですか？

映画に限らずさまざまなエンターテインメントがあります。インターネットでの視聴でも、映画館や劇場へ行くのでもよいです。できるだけたくさんの作品を鑑賞してください。

さらに、その作品や分野に感じる「好き」が、流行しているものに対するみんなの「好き」と、どうちがうのかを考えてみてください。自分はそれほど興味をもてない、という感覚も大事です。好きなことを仕事にすることがよいとは一概に言えませんが、どのくらい好きかの度合いも、自分の仕事につなげて考えたときに、何らかのヒントになるかもしれません。

観たい人の数に関係なく、その作品を観たい人がいるなら、全力で届けます

# － 今できること －

ふだんの暮らし

まずは映画作品をたくさん観てください。映画は、100年以上前からさまざまな国の人に親しまれているエンターテインメントで、数多くの作品が生み出されてきました。新作や話題作をチェックすることはもちろん、友だちや家族のおすすめを聞いたり、インターネットの映画情報や映画雑誌を参考にしたりすれば、自分の知らない映画作品やジャンルにも出合えるかもしれません。映画作品への強い興味や豊富な知識は、この仕事をする上でとても役に立ちます。

国語

伝えたい事柄についての自分の考えや気持ちを、根拠を明確にして書く力を養いましょう。読書で語彙力を増やし、作文では読む人がいることを考えて書きましょう。

社会

映画の多くが社会のできごとを反映しています。世界各地の人々の生活と環境や、歴史上の人物やできごとなどの知識を学ぶと、作品への深い理解に役立ちます。

美術

たくさんの美術作品を鑑賞して、友だちと作品に対する感想や考えを説明し合い、見方や感じ方を広げましょう。作品がもつよさや魅力を味わう力が養われます。

英語

海外の映画会社とのやりとりもあります。まずは英語で、あいさつや自己紹介の会話ができるようにしましょう。

# 仕事のつながりがわかる
# 動画の仕事 関連マップ

ここまで紹介した動画の仕事が、
それぞれどう関連しているのかを見てみましょう。

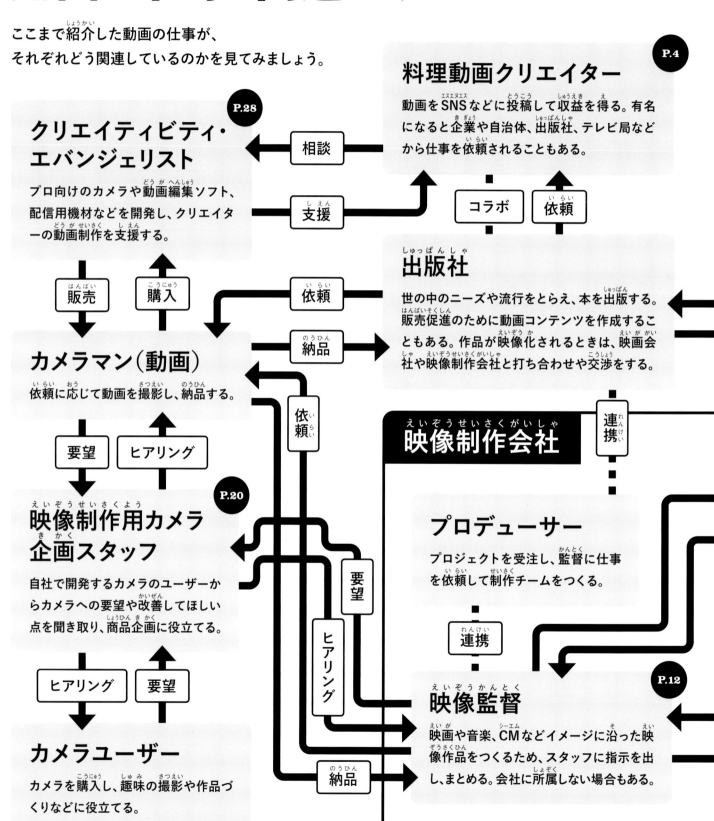

**料理動画クリエイター** P.4
動画をSNSなどに投稿して収益を得る。有名になると企業や自治体、出版社、テレビ局などから仕事を依頼されることもある。

**クリエイティビティ・エバンジェリスト** P.28
プロ向けのカメラや動画編集ソフト、配信用機材などを開発し、クリエイターの動画制作を支援する。

相談

支援

コラボ　依頼

販売　購入

依頼

納品

**出版社**
世の中のニーズや流行をとらえ、本を出版する。販売促進のために動画コンテンツを作成することもある。作品が映像化されるときは、映画会社や映像制作会社と打ち合わせや交渉をする。

**カメラマン（動画）**
依頼に応じて動画を撮影し、納品する。

要望　ヒアリング

依頼

**映像制作用カメラ企画スタッフ** P.20
自社で開発するカメラのユーザーからカメラへの要望や改善してほしい点を聞き取り、商品企画に役立てる。

**映像制作会社**

連携

**プロデューサー**
プロジェクトを受注し、監督に仕事を依頼して制作チームをつくる。

要望

ヒアリング

連携

ヒアリング　要望

**カメラユーザー**
カメラを購入し、趣味の撮影や作品づくりなどに役立てる。

納品

**映像監督** P.12
映画や音楽、CMなどイメージに沿った映像作品をつくるため、スタッフに指示を出し、まとめる。会社に所属しない場合もある。

※このページの内容は一例です。会社によって、仕事の分担や、役職名は大きく異なります。

# 動画配信会社

## マーケティング担当者
人気が出そうな映像作品を選定してユーザーにすすめたり、外部に宣伝を行ったりして、登録者数を増やす。

連携

## 配信用映画の調達担当者 P.36
自社の動画配信サービスで映画を配信するため、映画会社や映像制作会社と配信期間や金額を交渉する。

連携

## 映像配信エンジニア
配信用データ形式への変換作業などを行い、配信用コンテンツをさまざまな種類の端末向けに配信する。

宣伝

取材

許可

交渉

指示

相談

## 映像編集者
映像素材を組み合わせ、テロップや音響効果などを加えることでより魅力的な作品にする。映像監督がかねることも多い。

連携

連携

連携

連携

## 照明技師
スポットライトやバックライトなど数多くの照明機材を駆使して、光による演出を行う。

連携

相談

指示

## 美術監督
映像監督が指示したセットに応じて大道具、小道具の設計図を描き、撮影する空間をつくりあげる。会社に所属しない場合もある。

連携

## ヘア&メイクアップアーティスト 3巻 P.22
出演者にヘアセットやメイクをほどこし、作品の世界観やキャラクターに合うように演出する。

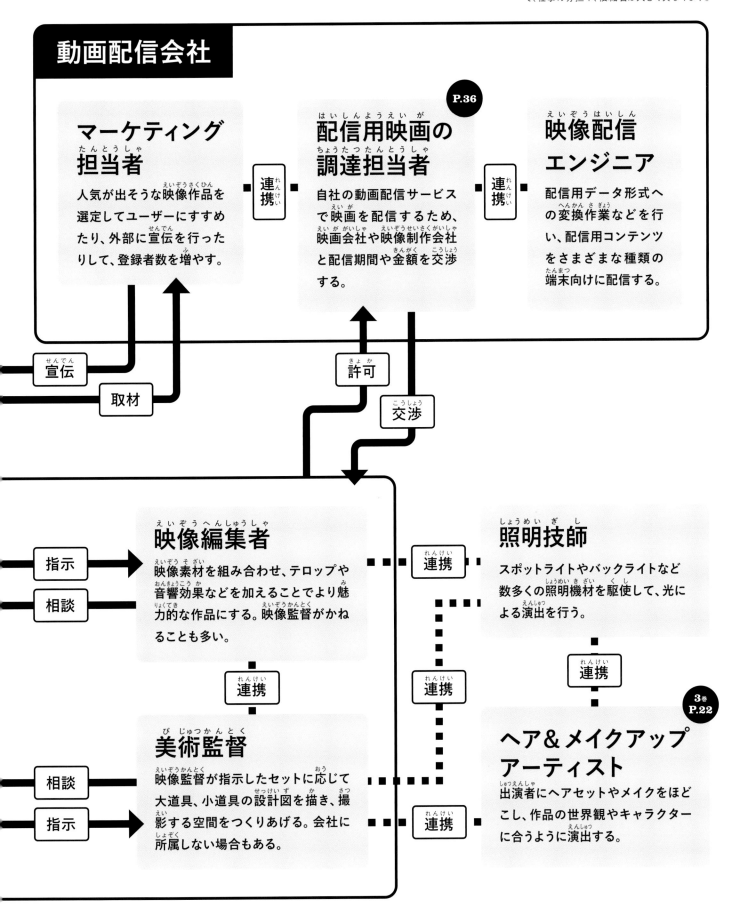

# 動画制作を通して主体的な学びを得る

## ▶ 巨大になった映像系コンテンツの市場

映画やドラマ、アニメなどの映像、音楽、電子書籍などをインターネットを使って販売することをコンテンツビジネスといいます。なかでも映像系コンテンツビジネスの市場は大きくのびています。

スマートフォンやタブレットなどを多くの人が持つようになったことで、どこでも手軽に動画を視聴できるようになりました。2020年に、新型コロナウイルス感染症の世界的な流行によって、多くの国が感染拡大防止のために外出を制限したことも、要因といえます。人々が自宅で過ごす時間が増え、アメリカのNetflixやAmazonプライムのほか、この本にも登場する日本のU-NEXTなどの動画配信サービスが身近になりました。テレビに加えて、インターネット配信用につくられた映画やドラマを楽しむ人が増え、エンターテインメントの楽しみ方が大きく変わったのです。

## ▶ 広がる動画関連の職業の選択肢

動画投稿サイトへ投稿することでだれにでもお金を稼ぐチャンスが得られるようになったことも、映像系コンテンツの世界に革命を起こしました。YouTubeの利用者は爆発的に増え、日本だけで7000万人（2023年5月現在）となり、さまざまな種類の投稿がされるようになりました。視聴者の興味を引く動画の企画やサムネイルの工夫、1秒でも長く見てもらうための工夫、同じチャンネルのほかの動画にも興味をもってもらうための工夫など、投稿者はさまざまなアイデアと技術を駆使して再生回数の増加を追求します。

短時間の動画をあつかうTikTokも若者を中心に大人気です。TikTokで人気に火がついた曲が音楽業界でヒットする現象はよく知られており、この影響力の前には国境も意味がありません。

エンターテインメント以外でも動画投稿サイトの利用が広がりました。企業PRや商品説明、企業研修で動画を活

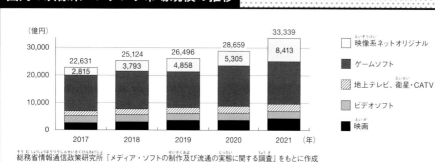

### 国内の映像系コンテンツ市場規模の推移

(億円)

- □ 映像系ネットオリジナル
- ■ ゲームソフト
- ▨ 地上テレビ、衛星・CATV
- ▤ ビデオソフト
- ■ 映画

| 年 | 合計 | 映像系ネットオリジナル | ゲームソフト |
|---|---|---|---|
| 2017 | 22,631 | | 2,815 |
| 2018 | 25,124 | | 3,793 |
| 2019 | 26,496 | | 4,858 |
| 2020 | 28,659 | | 5,305 |
| 2021 | 33,339 | 8,413 | |

総務省情報通信政策研究所「メディア・ソフトの制作及び流通の実態に関する調査」をもとに作成

日本における、インターネットなどを経由する通信系コンテンツ（映像系）の市場規模は、2017年に比べて、どのコンテンツにおいても拡大している。もっとも拡大率が大きいのは、配信用ドラマなどの映像系ネットオリジナルのコンテンツ。5年間で約3倍にも増えており、今後もさらなる成長が見こまれる分野だ。

パナソニックグループは、映像制作を通じた教育支援プログラム「キッド・ウィットネス・ニュース（ＫＷＮ）」を推進している。機材のあつかい方だけでなく、「テーマ設定や論理的に考える大切さを学んだ」との声が児童・生徒から寄せられるという。写真は動画制作に力を入れる森村学園初等部（神奈川県）。

用することが一般的になり、映像制作用カメラや動画編集ソフトの生産など、関連する仕事の需要も急増しています。職業の選択肢が大きく広がっているといえるでしょう。

## ▶ 求められる教師の役割

学校でも、動画がよりよい学びのためのツールとして使われています。今、学校では、デジタル技術を活用して時代に対応した教育を確立する教育ＤＸ（デジタル・トランスフォーメーション）が推進されています。タブレットなどの情報端末を児童・生徒が所有し、デジタルを活用した学びを実現する「GIGAスクール構想」も教育ＤＸのひとつです。

「GIGAスクール構想」の目的は、ひとり１台の端末と高速ネットワークを整備することで、多様な子どもたちをだれひとり取り残すことなく、それぞれに合ったやり方で資質や能力を育てることができる環境を実現すること。また、これまでの教育とＩＣＴ（情報通信技術）を最適なかたちで合体させることにより、教師、児童・生徒の力を最大限に引き出すことも目指しています。

対話とは、おたがいの立場や意見のちがいを理解し、目的や意味、解決策などを探求すること。動画制作に取り組む際にも、動画を見た相手がどう思うか、どう感じてほしいかが明確でない限り、主体的・対話的な学びには届きません。子どもたちには理解がおよびにくい部分なので、それを伝えるのが教師の役割といえるでしょう。

また動画制作には、どんな人たちが見てくれるか、どんな動画なら見てもらえるかを考える企画力が欠かせません。この本に登場する、総合映像機器メーカーで働くクリエイティビティ・エバンジェリストは、「この会社で働き始めてから、技術的な面や制作する側の意図など、別の視点で映画を観るようになりました」と語っています。動画制作の体験は、彼女と同様に企画力の基礎や、他人の気持ちに対する想像力を培うことに役立つでしょう。仕事として考える以外にも、より主体的に生きるためのヒントにしてほしいと思います。

PROFILE
玉置 崇

岐阜聖徳学園大学教育学部教授。
愛知県小牧市の小学校を皮切りに、愛知教育大学附属名古屋中学校や小牧市立小牧中学校管理職、愛知県教育委員会海部教育事務所長、小牧中学校校長などを経て、2015年4月から現職。数学の授業名人として知られるいっぽう、ＩＣＴ活用の分野でも手腕を発揮し、小牧市の情報環境を整備するとともに、教育システムの開発にも関わる。
文部科学省「校務におけるＩＣＴ活用促進事業」事業検討委員会座長をつとめる。

構成◎酒井理恵

# さくいん

【取材協力】
だれウマ　https://www.yassu-cooking.com/
株式会社セップ　https://sep.co.jp/member/320/
ソニー株式会社　https://www.sony.co.jp/
ブラックマジックデザイン　https://www.blackmagicdesign.com/jp/
株式会社U-NEXT　https://video.unext.jp/

【写真協力】
パナソニック ホールディングス株式会社　p47

【解説】
玉置 崇（岐阜聖徳学園大学教育学部教授）　p46-47

【装丁・本文デザイン】
アートディレクション／尾原史和（BOOTLEG）
デザイン／坂井 晃・角田晴彦・加藤 玲（BOOTLEG）

【撮影】
祐實とも明　p4-11
杵嶋宏樹　p12-19、p28-35
土屋貴章　p20-27
樋口 涼　p36-43

【執筆】
安部優薫　p4-11、p20-27
山本美佳　p28-35
鬼塚夏海　p12-19、p36-43

【イラスト】
フジサワミカ

【企画・編集】
佐藤美由紀・山岸都芳（小峰書店）
常松心平・鬼塚夏海（303BOOKS）

キャリア教育に活きる！
# 仕事ファイル43
## 動画の仕事

2024年4月6日　第1刷発行

編　著　小峰書店編集部
発行者　小峰広一郎
発行所　株式会社小峰書店
　　　　〒162-0066　東京都新宿区市谷台町4-15
　　　　TEL 03-3357-3521　FAX 03-3357-1027
　　　　https://www.komineshoten.co.jp/
印　刷　株式会社精興社
製　本　株式会社松岳社

©Komineshoten 2024　Printed in Japan
NDC 366　48p　29×23cm
ISBN978-4-338-36601-4